JEAN-PAUL MARANA

LETTRE D'UN SICILIEN

A UN DE SES AMIS

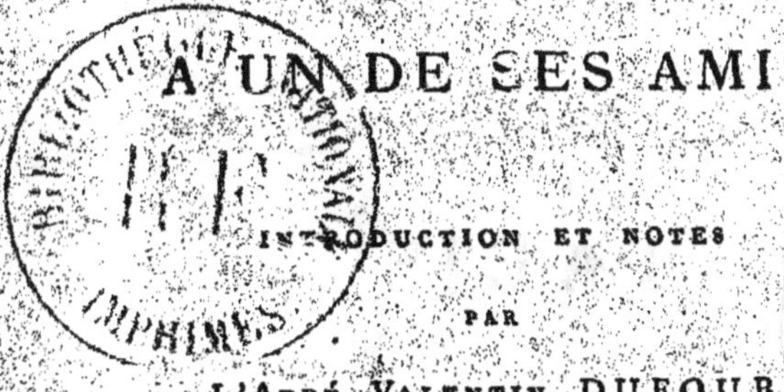

INTRODUCTION ET NOTES

PAR

L'Abbé Valentin DUFOUR

PARIS

A. QUANTIN, IMPRIMEUR-ÉDITEUR

7, RUE SAINT-BENOIT

1883

ANCIENNES DESCRIPTIONS

DE

PARIS

—

IX

—

LETTRE D'UN SICILIEN

A UN DE SES AMIS

JEAN-PAUL MARANA

LETTRE D'UN SICILIEN

A UN DE SES AMIS

INTRODUCTION ET NOTES

PAR

L'ABBÉ VALENTIN DUFOUR

PARIS

A. QUANTIN, IMPRIMEUR-ÉDITEUR

7, RUE SAINT-BENOIT, 7

1883

Tous droits réservés.

INTRODUCTION

 IEN que la *Lettre d'un Sicilien à un de ses amis* ait eu plusieurs éditions, comme nous le dirons plus loin, elle a toujours été publiée comme un ouvrage anonyme.

On a voulu attribuer à Saint-Evremond cet opuscule : la première fois qu'il parut ce fut dans le recueil intitulé Saint-Evremoniana (1700). Pourquoi ? C'est parce que l'on recherchait, à cette époque, tout ce qui sortait de la plume facile et gracieuse de cet ingénieux esprit : un grand seigneur doublé d'un homme de guerre.

On lit dans le *Livre commode des Adresses de Paris* pour 1692, ouvrage d'Abraham du Pradel — pseudonyme de Nicolas de Blégny, — au chapitre : *Impres-*

sions et commerce de libraire. « Le même sieur Barbin vend les œuvres de Varillas, celles de Saint-Evremond, etc., et beaucoup de livres galants. » C'est ce qu'on appelait les Barbinades, ajoute en note Édouard Fournier, qui a donné une nouvelle édition du *Livre commode*. Le Saint-Evremond était surtout en grande faveur auprès de Barbin ; il aurait voulu que chaque auteur lui en fît : « Le libraire Barbin, dit Voisenon, si célèbre dans le *Lutrin* de Boileau, alla un jour chez un auteur qui écrivait assez bien : — Eh ! monsieur, lui dit-il, faites-moi du Saint-Evremond, je vous donnerai trente pistoles. Vous m'en avez déjà donné dont j'ai été très content[1] ». On trouve également dans ses œuvres une lettre sans date, qu'il écrivait à Ninon de Lenclos, avec laquelle il était resté en correspondance : « Si vous connaissez Barbin, faites-lui demander pourquoi il imprime tant de choses en mon nom qui ne sont pas de moi. J'ai assez de mes sottises sans me charger de celles des autres. » Il lui écrivit même en 1698 pour protester contre quelques ouvrages que Barbin continuait à imprimer sous son nom. Bien que la *Lettre d'un Sicilien* ne soit pas expressément mentionnée, on est suffisamment autorisé à croire qu'elle n'est pas de lui ; elle ne se trouve pas d'ailleurs dans le recueil de ses œuvres

1. *Œuvres de Voisenon,* t. IV, p. 75.

donné après sa mort par ses amis, ses confidents, les dépositaires de ses papiers et aussi de ses dernières volontés.

Mentionnons les différentes éditions de la *Lettre d'un Sicilien* avant d'en rechercher l'auteur.

C'est dans le recueil intitulé *Saint-Evremoniana* que cette pièce fut publiée pour la première fois (Paris, 1700, in-8, p. 385).

Une seconde édition à part parut quelques années après sous le même titre : *Lettre d'un Sicilien à un de ses amis, contenant une agréable critique de Paris et des Français,* traduit de l'italien à *Chambéri, chez Pierre Maubal,* marchand libraire, près la place, 1710, in-12 de 46 pages, à la sphère. Pièce très curieuse et rare, selon un catalogue à prix marqués, qui l'annonçait et la cotait 4 fr. 50.

La bibliothèque parisienne de l'hôtel Carnavalet possède un exemplaire de cette édition même (n° 11924), auquel le titre manque. Au haut de chaque page le titre courant compris entre deux filets répète jusqu'à la fin du volume le mot *Silicien* au lieu de Sicilien.

M. Louis Lacour a fait également réimprimer cette *Lettre* avec d'autres, non moins intéressantes, sur les Tuileries, le Cours la Reine, — communiquées par M. de Montaiglon, — dans son *Annuaire du département de la Seine* pour l'année 1860, où elles

sont perdues et où on ne pense guère à les aller con-
sulter, malgré l'intérêt réel qu'elles présentent. A titre
de comparaison et de confirmation, nous en avons
cité plusieurs extraits comme pièces contemporaines
de la *Lettre*, révélant des détails de mœurs toujours
curieux à saisir sur le vif et à constater à distance.

Antérieurement, en 1840, la *Lettre d'un Sicilien*
avait été reproduite sans commentaire dans les Archives curieuses de l'histoire de France[1]. M. Dan-
jou s'était contenté de la faire précéder de l'avertissement qui suit :

« Cette petite pièce a été prise dans le Saint-
Evremoniana, édition de 1700. Elle contient une
description fine, pittoresque, animée de Paris et de
la population parisienne, sous le grand règne, et
offre, par les comparaisons qu'on peut faire avec
l'état actuel de la capitale, le motif d'une multitude
de remarques, de réflexions, d'inductions du plus
haut intérêt. Il n'est pas sûr que le livre connu sous
le nom de Saint-Evremoniana renferme réellement
des écrits ou des pensées qu'on puisse en toute certitude attribuer à Saint-Evremond. En supposant même
ce point décidé affirmativement, la *Lettre* que nous
publions n'appartiendrait pas à l'auteur du *Saint-
Evremoniana*, qui la donne comme une simple tra-

---

1. *Deuxième série*, t. XI, année 1692. *Paris*, 1840, in-8.

duction ; cependant l'esprit et la manière de Saint-Evremond s'y retrouvent tellement, qu'on serait tenté de croire qu'elle est échappée à la plume de cet auteur lui-même, et que la supposition d'un original italien n'était qu'une fiction à l'abri de laquelle il a cru pouvoir plus librement émettre et développer sa pensée sur maints sujets assez délicats. Mais si ce n'est là du Saint-Evremond comme l'entend la critique, c'en est au moins et du meilleur, comme l'entendaient les éditeurs il y a cent cinquante ans, quand ils disaient à un pauvre auteur : « Faites-nous du Saint-Evremond, si vous tenez à être vendu et à être lu. » Cette *Lettre*, quel que soit son véritable auteur, méritait donc d'être exhumée du recueil dont nous avons parlé, et qui, de jour en jour, devient plus rare. Par exemple, pour ce qui concerne les embarras de Paris, sous le rapport du naturel, de la vérité, les renseignements que l'on peut recueillir ne seraient pas indignes certainement de figurer en note au bas de la sixième satire de Boileau. Ce dernier ne nous a donné qu'un trait de la physionomie de la population parisienne ; ici, cette grande figure est esquissée toute entière. Ce peuple actif et remuant, auquel la présence de Louis XIV et de la cour communiquait incessamment une sorte d'activité fébrile, d'agitation surnaturelle, nous apparaît avec toutes ses grandeurs et toutes ses misères d'alors, qui ne sont ni les grandeurs ni les misères d'aujourd'hui, avec les qualités, avec les vices, avec les ridicules de ce temps, que d'autres vices, d'autres ridicules, d'autres vertus ont remplacés. Tout est passé en revue, du Louvre, tout resplendissant d'or, de lumières, de femmes, aux carrefours boueux, encombrés de mendiants ou exploités par le coupe-jarret. Le palais, la mansarde, les rues, les maisons, les ponts, les hôtelleries, les établissements publics, les carrosses, les réverbères, la température, les denrées, les vivres, le café, le chocolat, le thé, les parfums, le vin, les modes, les divertissements, la civilité, la galanterie, la dévotion, le luxe, il y a un mot pour tout ; dames de la cour, dames de la halle, mendiants, brillants seigneurs, crieurs publics, académiciens, libraires, auteurs, charlatans, maîtres de langues, cuisiniers, abbés de cour, fripiers, gens de finances, enfin tous ces types si caractéristiques de la civilisation du grand siècle viendront tour à tour réclamer un souvenir de la part du lecteur et lui rappeler quelqu'un des immortels chefs-d'œuvre de Boileau, de Racine et de Molière surtout. »

Écartant l'hypothèse, inadmissible selon nous, de Saint-Evremond comme auteur de la *Lettre d'un Sicilien,* nous avions pensé tout d'abord à la donner anonyme et à la reproduire simplement avec des notes empruntées aux auteurs contemporains, le meilleur commentaire, à notre avis, de notre auteur, quel qu'il fût. Un remords nous a pris une fois ce travail fait : pourquoi ne pas chercher le nom de cet anonyme qui se cache sous la nationalité, disons mieux le masque d'un Sicilien. Pourquoi ne pas tenter de soulever le voile sous lequel se cache un auteur étranger, mais, après tout, sympathique à notre Paris, dont il apprécie les mérites sans se dissimuler les défauts? La critique de Paris était de plus donnée comme une traduction. De ce fait si simple en apparence nous semble découler tout naturellement une conséquence qui aidera, comme nous le montrerons plus loin, à fixer l'attention, à aider à retrouver l'ingénieux auteur qui a voulu se dérober; on dirait aujourd'hui, pour nous servir d'une métaphore empruntée à la photographie, que c'est la substance, le collodion qui a servi à fixer l'image fugitive, à la reproduire avec ses mille détails comme aussi dans ses traits principaux. Le Dictionnaire des Anonymes de Barbier, celui des pseudonymes de De Manne sont muets sur notre sujet, soit qu'il leur eût paru de mince importance, soit plutôt parce qu'ils n'avaient rien rencontré qui pût satisfaire des esprits qui ne se contentent pas d'hypothèses; et puis le champ de la bibliographie est assez vaste pour qu'ils laissassent quelques épis à glaner après eux.

Parmi les littérateurs étrangers qui gravitaient comme des satellites dociles autour de leur planète qu'on est convenu d'appeler le Roi-Soleil, s'il en est plusieurs auxquels on pût attribuer la paternité de la *Lettre d'un Sicilien,* il en est un surtout qui attirait tout d'abord l'attention, qui, plus que tous les autres, avait reconnu les bienfaits du grand roi par ses éloges ; car il faut bien le reconnaître, si Louis le Grand se montrait généreux envers les écrivains étrangers, c'était pour entendre chanter ses louanges. Au grand déplaisir de ses envieux et de ses ennemis, cet homme, ce noble étranger qui sut reconnaître comme le voulait le nouvel Auguste les bienfaits du roi de France, c'est l'auteur de l'*Espion turc,* Marana, qui, ayant joui dans son temps d'une réputation justement méritée, est complètement ignoré de nos jours. Sa biographie, empruntée au *Dictionnaire historique* de Moréri (de 1759), édifiera le lecteur sur cet homme singulier.

« Marana (Jean-Paul), célèbre par son ouvrage intitulé l'*Espion turc,* naquit à Gênes ou aux environs, vers l'an 1643, d'une famille distinguée par sa noblesse et les établissements qu'elle avait eus en Italie. Marana, fils d'un père vertueux, fut élevé d'une façon convenable à un gentilhomme né sans de grands biens et dont les talents devaient faire la plus solide ressource. Il répondit au soin que l'on prenait de son éducation et fit avec succès, par goût, ce qu'on fait souvent mal par nécessité. Après l'étude des langues, l'histoire ancienne et moderne, la philosophie, et surtout la morale et la politique devinrent l'objet de ses études. Il y acquit des connaissances qui lui donnèrent sans doute quelque distinction à Gênes, mais qui firent peut-être trop ouvrir les yeux sur lui, dans une république extrêmement jalouse du secret de son gouvernement. Marana n'avait guère que vingt-sept ou vingt-huit ans en 1670, lorsque la conjuration de Raphaël della Torre et les desseins de la Savoie sur Gênes éclatèrent. Il se trouva impliqué dans ces mouvements. On l'accusa d'avoir pris des intérêts contraires à ceux de la République, et peut-être de complicité avec Raphaël della Torre. Si on l'en croit, tout son crime était de s'être ingéré de donner des avis sur la conjuration et d'avoir découvert le faible du gouvernement de Gênes même. Quoi qu'il en soit, il fut arrêté et conduit à la Tour, la même année 1670. Il y resta prisonnier d'État pendant quatre ans vingt et un jours et trois heures, comme il le dit lui-même, et n'en sortit qu'en 1674.

« Des personnes de premier rang engagèrent Marana à écrire l'histoire de la conjuration de Raphaël della Torre et de la guerre de Savoie. Il rassembla des mémoires et fit même un voyage en Espagne pour l'exécution de ce dessein. De retour de ce voyage, il passa quatre ans et plus à Gênes, occupé de son histoire, et dans une société de gens de lettres qui étaient d'honnêtes espions que le gouvernement lui avait donnés. On le remit même quelque temps dans la tour de Gênes, avec promesse de lui rendre la liberté et même de le récompenser de son travail, s'il remplissait dans son histoire le vœu de la République. Son manuscrit fut examiné avec beaucoup d'exactitude. On lui donna son congé parce que la vérité des faits n'y représentait rien de choquant : mais on s'empara de son ouvrage, et toutes les démarches qu'il fit pour obtenir que son livre fût rendu public par l'impression n'eurent aucun succès.

« La République de Gênes s'étant brouillée avec la France, et les semences des divisions qui pensèrent causer la perte de Gênes fermentant plus que jamais en 1681, Marana, qui avait eu toujours un penchant secret pour la France, craignant que sa liberté de parler et d'agir ne lui occasionnât de nouvelles disgrâces, sortit précipitamment de Gênes. Il alla à Monaco, où il avait deux filles dont il avait confié l'éducation à sa sœur qui y était religieuse. La maladie de l'aînée, qui fut longue et se termina par la mort de cette demoiselle, le retint à Monaco plus longtemps qu'il n'avait compté y demeurer. Se trouvant entièrement désœuvré, il tâcha de se rappeler les idées de son histoire de la conjuration de Raphaël della Torre et de la guerre de Savoie. Les mémoires qui lui étaient restés lui donnèrent beaucoup de facilités, et il parvint à faire un ouvrage plus ample et plus exact que celui qu'il avait composé d'abord, parce qu'il avait plus de liberté. Marana se transporta à Lyon pour faire imprimer cette histoire, et elle y parut en 1682 sous ce titre : *La Congiura di Raffaella della Torre, con la mossa della Savoia contra la Republica di Genova ;* Lyon, 1682, in-12.

« Il paraît, par l'épître dédicatoire adressée au seigneur D. Paolo Spinola, marquis de las Balbazes, datée de Monaco le 1er août 1681, que cet ouvrage est le premier que Marana ait publié. La préface contient une partie des particularités de sa vie jusqu'à ce temps. On trouve dans cette histoire des anecdotes importantes et quelques faits qu'on chercherait peut-être inutilement ailleurs sur la manière dont Louis XIV termina les différends d'entre les Génois et le duc de Savoie.

« Après que Marana fut débarrassé des soins de l'édition de son livre, il vint à Paris[1]. Il y arriva vers la fin de l'année 1682. Marana s'était fait connaître avantageusement des ministres que la France avait eus à Gênes, et en particulier de Pidou de Saint-Olon[2]. Ce fut une protection pour lui à son

---

1. Il ne serait venu à Paris, dit-il au commencement de l'*Espion turc,* que pour voir « une ville que sa vaste étendue a fait appeler un monde et par pure curiosité. » *Journal de Verdun.* Décembre 1754.

2. Nous donnons plus loin une notice sur ce diplomate, qui fut en même temps un littérateur distingué, voir p. xx.

arrivée en France. Son mérite perça promptement à Paris, et il y trouva d'illustres Mécènes, entre autres le Père de la Chaise et M. de Harlay, archevêque de Paris. Marana vécut à Paris dans un état fort tranquille et dans une médiocrité assortie à sa façon de penser, depuis l'année 1682 jusqu'en 1689, que le désir de la retraite le porta à retourner en Italie, dans un lieu solitaire, où il mourut au mois de décembre 1693, selon une note du catalogue manuscrit de la Bibliothèque du roi.

« Pendant le séjour que Marana fit à Paris, il publia différents ouvrages, dont le plus connu est celui qu'il intitula *l'Espion du Grand Seigneur dans les cours des princes chrétiens* (Paris, 1684 et suivantes, 6 vol. in-12; *Cologne*, 1697 et 1710; 6 vol. in-12; *Amsterdam*, 1756, 9 vol. in-12, traduits en plusieurs langues de l'Europe). Le premier volume parut en 1684, in-12. Cet ouvrage fut extrêmement goûté, et Marana le conduisit jusqu'au sixième volume. En 1685, il publia, par ordre de la cour, un ouvrage politique, sous le nom de *Dialogo fra Genova et Algieri, cita fulminate dal Giove Gallico* (Paris, 1685, in-12). La traduction française de ce petit volume parut en même temps, en même format et chez le même libraire, sous ce titre : *Dialogue de Gênes et d'Alger, villes foudroyées par les armes de l'invincible Louis le Grand, l'année 1684, avec plusieurs parti-*

cularités historiques touchant le juste ressentiment de ce monarque et ses prétentions sur la ville de Gênes, avec les réponses des Génois. Ce dialogue est suivi d'une relation du bombardement de Gênes, sous ce titre : *Lettera della republica di Genova al regno d'Algieri.*

« Marana travailla dans le même temps à mériter les bienfaits de la cour, en présentant au roi deux volumes de lettres, au nombre de trente-six. Ces deux volumes sont restés manuscrits. Ils portent pour titre : *Le più nobili azioni della vita e regno de Luigi il Grande, dope la sua minorita, contenata in molte lettere che l'autore escrive alla sua patria.* En 1688 parut un ouvrage français qui n'est qu'un extrait de ce dernier[1]. Il est intitulé : *Les événements les plus considérables du règne de Louis le Grand, écrits en italien par M. Marana, et traduits en français* (par François de Pidou de Saint-Olon), dédié à M. le cardinal d'Estrées. Il paraît, par un avertissement au lecteur, que l'ouvrage fut publié en 1688, et que, trois ans avant de le publier, Marana l'avait envoyé à la reine Christine de Suède. On trouve en effet, dans le volume, une lettre dont cette savante reine honora l'auteur, pour l'en remercier. Cette lettre, écrite en italien, est datée de Rome, du mois

---

1. Le manuscrit, remis à Pidou de Saint-Olon, ami de l'auteur, fut traduit par celui-ci.

de mai 1688. Marana est encore l'auteur d'un ouvrage sur les révolutions du xviie siècle, qui parut
sous ce titre : *Entretiens d'un Philosophe avec un Solitaire sur plusieurs matières de morale et d'érudition*
(*Paris,* 1696, in-12). Ce livre, dont il parle comme
d'un ouvrage qui était en état de paraître en 1683,
ne parut qu'en 1696, après la mort de l'auteur. On
promet dans la préface plusieurs autres pièces de
Marana, qui avait, dit-on, laissé quantité de manuscrits. On ignore ce qu'ils sont devenus [1].

« On ne peut disconvenir que Marana ne fût un
esprit vif, orné d'une infinité de belles connaissances,
qu'il avait acquises par une application constante à
l'étude. Histoire, morale, théologie, physique, politique, tout est de son ressort, tout lui paye une sorte
de tribut dans le cercle des connaissances qu'il avait
parcouru. Mais son imagination était plus brillante
que forte. Il saisit toujours le côté agréable des sujets dont il parle : il les effleure tous et n'en appro-
fondit aucun. Bien plus occupé de plaire au commun
des lecteurs que de satisfaire ceux qui exigent partout de l'exactitude et une vérité sévère dans les faits,
il adopte sans scrupule quantité d'anecdotes incertaines, dès qu'elles ont quelque chose de piquant.
Aussi ce serait se tromper que de le regarder, dans

1. Le cabinet des manuscrits de la Bibliothèque nationale
(fonds italien, n° 990) possède cet ouvrage de Marana.

l'histoire du dernier siècle, comme un garant sur la foi duquel on peut compter. Son vrai talent était le style épistolaire, dont la liberté, égale à son génie, le débarrassait d'une gêne méthodique qui l'eût mis trop à l'étroit. Quoiqu'il soit aisé de voir qu'il avait une lecture étendue de tous les bons auteurs de l'antiquité, il est cependant facile de remarquer que Plutarque, Sénèque, les deux Pline et Velleius Paterculus étaient ses auteurs favoris.

« On trouve un *Mémoire sur la vie et les ouvrages de Marana,* composé d'après ses ouvrages par Dreux du Radier, dans le *Journal de Verdun* (septembre et octobre 1754) ; j'en ai extrait ce que je viens de dire de cet homme singulier. »

Après une biographie aussi complète d'un personnage qui a tenu un certain rang parmi les littérateurs du siècle de Louis XIV, et qui a laissé des ouvrages encore consultés de nos jours, on ne s'attendait pas à apprendre que Marana est un mythe. Voici pourtant ce que l'on est exposé à rencontrer, et ce n'est pas sans étonnement que nous avons lu les lignes suivantes :

« Marana (Jean-Paul), *pseudonyme* de Jean-Baptiste Primi Visconti, comte de Saint-Majole. *Les événements les plus considérables du règne de Louis le Grand, écrits en italien par Marana, et traduits en français par *** (Pidou de Saint-Olon). Dédiés à*

Mgr le cardinal d'Estrées. (*Paris, Martin Jouvenet,* 1690, in-12.) »

C'est de Manne, sous le n° 580 de son « Nouveau recueil d'ouvrages anonymes et pseudonymes » qui nous fait connaître le véritable auteur du livre publié sous le nom de Marana. N° 1448 de la 3ᵉ édition de l'ouvrage de M. de Manne, dit Quérard : *Les Supercheries littéraires dévoilées,* 2ᵉ édition. Tome II, col. 1046.

Les chiffres indiqués sont bien exacts; il faut lire effectivement pour le premier 580, et pour le second 1448 dans la 3ᵉ édition.

La question de chiffres n'a que l'importance d'un errata : il n'en est pas de même de l'affirmation de de Manne ; mais, quelle que soit l'importance qu'on attache à cette affirmation, comme il ne cite pas ses autorités et qu'on ne peut vérifier ses allégations, jusqu'à preuve du contraire, c'est-à-dire jusqu'à l'indication des sources, il est permis de ne pas adopter son appréciation personnelle. Sur le dire de de Manne, nous nous sommes demandé un instant si le nom de Marana n'était pas réellement un pseudonyme ; en vieux français, Marana signifie Maure converti, un apostat de la loi de Mahomet; mais cette similitude de nom n'étant pas justifiée, ce fait isolé n'a nulle valeur, n'implique aucune conséquence.

Jusqu'à preuve plus complète du contraire, nous continuons à reconnaître Marana comme l'auteur des ouvrages qui lui ont été attribués jusqu'à ce jour : *l'Espion turc*, les *Événements du règne de Louis le Grand*. Nous y joindrons volontiers la *Lettre d'un Sicilien*, qu'on ne saurait attribuer à Saint-Evremond. Les manuscrits de l'auteur sont détruits ou égarés, ce qui laisse prise au doute. Les *Entretiens d'un Solitaire* n'en parlent pas non plus ; mais ce fait n'a pas d'importance. Le *Journal de Verdun* de 1754 contient deux articles de Dreux du Radier (pages 100 et 270) sur Marana, et entre autres un passage qui rappelle le style et le faire de Marana ; c'est le portrait de l'auteur par lui-même :

« Ne me croyez pas, dit-il, malheureux, parce que je n'ai pas tout ce qu'on peut désirer ; la fortune, je le sais, traite ses favoris en princes, mais elle caresse qui lui plaît ; si les gens du mérite le plus réel ne sont pas ceux à qui elle accorde ses plus brillantes faveurs, ce n'est pas toujours sa faute. Elle les offre à bien d'honnêtes gens qui les méprisent. Il y en a plus qui lui font violence qu'il n'y en a qu'elle va chercher, comme on en voit aussi un grand nombre qui reçoivent d'elle des présents qu'ils ne savent pas conserver. Je suis confus de le dire, mais peut-être suis-je de ce nombre. A peine sais-je à mon âge la valeur des espèces, et je suis encore à apprendre ce que vaut l'argent. Avec de pareils principes, on n'imaginera pas que je sois porté à l'épargne ou à l'économie. Mais il y a longtemps que j'ai acquis le secret inestimable d'être riche quand il me plaît : en réglant mes désirs, je sais régler ma fortune, j'en deviens le maître. Si je n'ai point de valet, je loue Dieu de m'avoir débarrassé d'un ennemi. Je ne suis ni logé sous un superbe lambris ni couché sous l'impériale d'un lit magnifique ; mais, grâces à Dieu, j'ai toujours eu un bon lit, où j'ai dormi tranquillement ; une chambre qui, toute étroite qu'elle est, m'a mis à couvert des injures de l'air et des intempéries des saisons. Je ne suis point habillé de soie, l'or ne brille pas sur mes habits, mais jamais je n'ai cru déroger à mon état ni à ma naissance avec un habit simple et de l'âme. Je ne crains pas de mourir de faim ni de soif dans une ville où l'hospitalité fait le premier des devoirs, et où, comme l'on dit, on ne trouve jamais ses morceaux dans la patte du loup. Partout on trouve des gens qui vous offrent leur table, et qui vous remercient à la fin du repas. Les gens de ce pays, ajoute Marana, sans passer pour gourmands, font autant de repas par jour que les Turcs font de prières [1]. » Ce passage ne complète-t-il pas le chapitre intitulé *La manière de vivre de l'auteur à Paris?* Un philosophe de ce caractère n'avait pas besoin d'une pension considérable pour subsister à Paris

---

1. *Journal de Verdun,* septembre 1754, p. 199-200.

avec agrément. Dans un endroit, il dit que, « sous la protection du plus grand roi du monde, et à l'abri du manteau ducal de son Mécène (Mgr l'archevêque de Paris), il ne cessera jamais de travailler, dût-il être réduit au sort du philosophe Cléanthe, qui était obligé de tirer de l'eau d'un puits pour avoir un peu de pain [1]. »

La forme du morceau que nous reproduisons, qui est une lettre, est un argument en faveur de Marana, qui affectionnait ce genre, où il pouvait donner carrière à son imagination et à son esprit observateur. On a cru que l'auteur avait traité son sujet en forme de lettre dans une langue étrangère, et que c'était une fiction, l'original ayant été composé en italien et la traduction seule ayant été livrée au public français. Ce fait n'implique pas contradiction, et je ne serais pas éloigné de croire que la lettre pensée, composée et écrite en italien a été traduite, par qui ? Par le traducteur ordinaire de Marana, par celui qui a fait passer dans notre langue *Le più nobile azioni della vita e regno del Luiggi il Grande,* des *Entretiens d'un Philosophe avec un Solitaire,* par son ami, qui lui survécut, par celui qui l'avait connu et apprécié à Gênes pendant sa mission diplomatique, et qui, le recevant à Paris, plusieurs années plus tard, lui pro-

1. *Journal de Verdun,* septembre 1754, p. 199-200.

cura des protecteurs et s'intéressa toujours à ses travaux, qu'il ne dédaignait pas de traduire, par Pidou de Saint-Olon, en un mot, que l'on a déjà reconnu. C'est le lieu de dire quel était ce personnage, pour confirmer nos hypothèses.

Pidou de Saint-Olon, savant, négociateur, homme d'État, ne mérite pas l'oubli dans lequel il est tombé. François Pidou, chevalier, seigneur de Saint-Olon, commandeur et greffier de l'ordre royal et militaire de Notre-Dame du Mont-Carmel et de Saint-Lazare, gentilhomme ordinaire du roi, envoyé extraordinaire de Sa Majesté à Gênes et auprès de la reine douairière d'Espagne, et son ambassadeur au Maroc, naquit en Touraine, vers l'an 1640, de Pierre Pidou, maître d'hôtel, secrétaire du roi et contrôleur général de ses domaines, qui était originaire de Picardie [1], et de dame Élisabeth d'Aubray, de l'ancienne famille des d'Aubray de Paris. Son éducation fut soignée, sa fortune assez considérable; nommé gentilhomme ordinaire du roi en 1672, à l'âge de trente ans, il put approcher de Louis XIV, excellent juge du mérite, qui démêla ses talents et sut les employer. En 1707, il perdit sa femme Élisabeth Lombard, dont les contemporains vantent les hautes qualités : il eut de cette alliance un fils militaire, mort jeune en 1715, et une

---

1. La mère du célèbre abbé Lenglet-Dufresnoy, native de Beauvais, était née Pidou.

fille en 1716, tous deux morts sans alliance. Démissionnaire de sa charge en 1715, Pidou de Saint-Olon mourut le 27 septembre 1720, sur la paroisse Saint-Eustache [1], âgé de plus de quatre-vingts ans, et fut inhumé aux Capucins, auprès de sa femme, comme il l'avait demandé. Il fut regretté à la cour et par les savants, en particulier par Secousse et Dreux du Radier, qui furent ses amis et qui lui survécurent [2].

Nous avons cité la biographie de Marana d'après le Dictionnaire de Moréri. Le *Journal de Verdun* avait donné sur la vie et les ouvrages de Marana deux articles assez étendus; on peut s'étonner que Brunet ne parle pas de cet auteur dans son *Manuel*; Barbier, *Dictionnaire des anonymes et pseudonymes,* n'en fait pas mention; si de Manne en parle, c'est plutôt pour égarer l'opinion que pour l'éclairer. Nous avons été également surpris de ne pas trouver cité le nom de Marana dans Gamba : *Testi di lingua italiana (Veneçia,* 1829), ni dans Huyau : *Bibliotheca italiana (Milano,* 1803), ni à Visconti ni à Marana. Nous avions espéré un instant trouver chez ces bibliographes spéciaux le mot de l'énigme proposée par de Manne, dont seul il aurait pu nous donner la solution.

Nous avions espéré également trouver un portrait

1. *Journal de Verdun.* Novembre 1720, p. 391.
2. *Idem.* Décembre 1754, p. 427 et suiv.

de notre auteur pour en enrichir la réimpression de la *Lettre d'un Sicilien à un de ses amis,* qui rappelle les deux volumes de lettres écrites sur *Le più nobili azioni della vita e regno del Luigi il Grande... que l'autore escrive alla sua patria.* N'y a-t-il pas là une preuve indirecte de l'unité d'action du même esprit, comme le cachet de l'auteur signant son œuvre à deux époques différentes?

Comme illustration, nous n'avons trouvé, en tête de *l'Espion turc,* qu'une gravure représentant un astronome, Nostradamus ou un autre, nullement un portrait; mieux valait ne rien mettre que de renouveler une banalité pareille. Nous avons pensé compléter l'œuvre de Marana en donnant une vue contemporaine représentant le Louvre au temps de Louis XIV; on se trouvera ainsi sans effort au milieu de ce vieux Paris qui tend tous les jours à disparaître et qu'a décrit avec verve notre auteur; on y verra aussi le palais des Tuileries, qui a eu la malchance dans notre siècle d'être assiégé, puis pillé plusieurs fois, et finalement, après avoir été brûlé, d'être rasé entièrement. Cette planche est extraite d'un ouvrage de Manesson-Mallet, ingénieur militaire, depuis maître de mathématiques des pages de la petite écurie de Louis XIV. On trouva dans sa *Géométrie pratique,* où on ne serait pas tenté de les aller chercher, un grand nombre de vues de Paris et de ses faubourgs et environs. Manesson-Mallet est appelé à entrer un jour dans notre *Collection des anciennes Descriptions de Paris;* car lui aussi a commis sa petite *Description de Paris,* que nous publierons un jour, et ce ne sera pas la moins intéressante, nous en prenons l'engagement devant nos lecteurs assidus.

L'Abbé VALENTIN DUFOUR.

MARANA.

TRADUCTION D'UNE LETTRE ITALIENNE

ÉCRITE

PAR UN SICILIEN A UN DE SES AMIS

CONTENANT

UNE CRITIQUE AGRÉABLE DE PARIS.

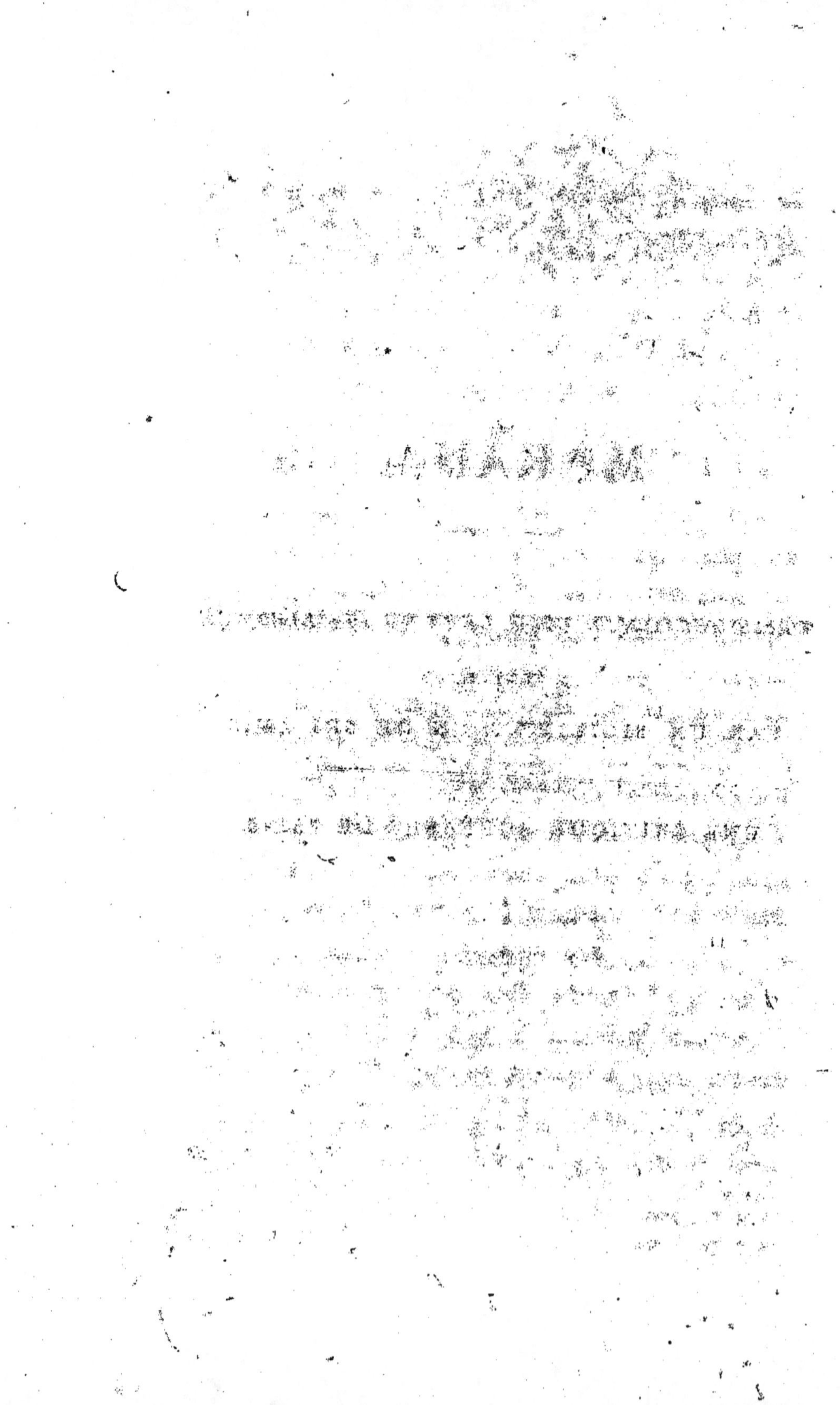

LETTRE D'UN SICILIEN.

SOMMAIRE.

Mon ami,

Il y a près de dix ans que je suis à Paris[1], et je ne
connais pas encore bien la ville[2] ; ne croyez pas que
les plaisirs qui sont infinis dans cette grande Babilonne
m'empêchent de m'en instruire ; au contraire, ce sont
ces mêmes plaisirs qui m'ont donné une envie extrême
de la connoître. Pendant un si long-tems je n'ai point
eu besoin de médecin, parce que je n'ai pas été malade ; je rougirois de honte, si ayant passé trente ans,

1. Cette lettre est écrite d'un style singulier, et on a tâché de
retenir le même style dans la traduction. *Note du traducteur.*
2. L'auteur s'excuse de ne pas connaître bien la ville topogra-
phiquement parlant ; il l'avait par contre-coup profondément étudiée au moral.

je cherchois encore cette sorte de Philosophes[1]. Le plus rusé de tous les Empereurs[2] s'étonnoit, qu'après cet âge les hommes voulussent un second pour combattre les maux du corps et pour conserver leur santé. Mais, quand j'ai voulu assûrer que jamais on ne m'avoit ouvert la veine[3], les Chirurgiens de France n'ont pu me croire sans auparavant me voir nud.

2. Vous qui sçavez ma manière de vivre et mes

1. Salués ici révérencieusement du nom de philosophes, les médecins seront presque dénoncés plus loin (n° 46) comme des assassins patentés.

2. Julien l'Apostat?

3. Molière s'est moqué de la thérapeutique de son temps ; écoutez Argan du *Malade imaginaire* qui en résume la formule : *Clysterium donare, posteà saignare, ensuita purgare.* Ce qu'il n'a pas assez dit : c'est l'abus qu'on fais aitde la saignée : sous prétexte d'affaiblir le malade, on l'épuisait, ou le tuait. Guy Patin, l'adversaire fougueux de l'antimoine, était un partisan outré de la phlébotomie. Au siècle suivant, le docteur Sangrado de *Gil Blas*, préconisait exclusivement la diète, la saignée et l'eau chaude. Le traitement antiphlogistique, tant recommandé de nos jours par l'école de Broussais, consiste dans l'emploi des boissons aqueuses et de l'abstinence. Purgon, Sangrado et Broussais ne diffèrent que par la formule : ils expédient leurs malades par principes. *Honora medicum propter necessitatem,* dit *l'Esprit-Saint au livre de l'Ecclésiaste,* xxxviii. 1. « En général, les chirurgiens de France veulent faire les médecins et les médecins tombent dans l'empirisme, surtout pour la saignée, qui est leur panacée universelle. Le but semble être, pour les maladies chroniques aussi bien que pour les maladies aiguës, plutôt de soulager instantanément le malade que d'arriver à une guérison radicale ou de prévenir les rechutes. Ce n'est point là la méthode et le succès de nos médecins d'Angleterre, à un seul desquels je confierais ma vie plutôt qu'à tout un collège de ces sangsues françaises. » John Evelyn. *Extraits* (1652).

Moins d'un siècle après le Sicilien, Pessonnel, dans ses *Numéros* 10, p. 123, se plaignait que « les rues de Paris ont l'air d'autant

inclinations, vous pouvez vous imaginer comme je vis ici. Ordinairement je me léve le matin, aussi-tôt que le soleil paroît ; mais ce grand luminaire ne se laisse pas voir souvent[1], celà fait qu'il est ici en plus grande vénération, que ne le sont dans leur empire les rois de la Chine, puis qu'il passe la moitié de l'année, comme s'il était invisible.

Je suis toûjours éveillé de fort bon matin ; le chant

de cirques où l'on se dispute le prix de la course... Il n'y a pas jusqu'aux médecins qui ont tant de moyens de détruire impunément l'espèce humaine, qui ne se permettent encore cette façon de rendre leur profession plus meurtrière : je me rappelle que, il y a environ trente-cinq ans, le carrosse du célèbre docteur Dumoulin écrasa un enfant dans une des rues de Paris. »

1. Il y a un peu d'exagération dans ce passage, comme le prouvent les renseignements suivants, empruntés à *l'Annuaire du bureau des Longitudes*. La température du climat de Paris, qui est en moyenne de 10° au-dessus de zéro, descend rarement à plus de 18° au-dessous et ne dépasse guère 36° au-dessus. Il pleut environ 145 jours par an. Les vents qui y soufflent le plus fréquemment sont ceux d'ouest, de sud-ouest, de sud, de nord, de nord-ouest et de nord-est. Ce dernier est celui qui amène les froids les plus vifs. La quantité annuelle moyenne de pluie tombée sur la plate-forme de l'Observatoire a été, pour une période de 95 ans, de 471 millimètres. La quantité recueillie dans la cour de l'Observatoire est plus considérable que celle qui tombe sur la plate-forme, élevée de 28 mètres au-dessus; on doit l'évaluer en moyenne à 546 millimètres. La quantité qui tombe en un jour est en moyenne de $3^{mm},61$; en hiver, $116^{mm},40$; au printemps, $140^{mm},76$; en été, $171^{mm},89$; en automne, $134^{mm},45$. Le nombre annuel moyen des jours de pluie est de 144,5, qui se partagent presque également par saison. On compte annuellement en moyenne 12 jours de neige, 184 de temps couvert, 181 de nuageux, 180 de brouillards, 20 de grêle, 13,6 d'orage. La température en général est douce, et le climat sain. Durant une période de 33 années, la température a donné en moyenne par saisons : hiver, 3°,3 ; printemps, 10°,3 ; été, 18°,1 ; automne, 11°,2. Les jours de gelée sont au nombre de 56.

des coqs[1] m'ouvre les yeux, et le bruit des hommes et des chevaux achève de me tirer du sommeil. Mon principal plaisir est de lire quand je n'écris pas, ou de lire et d'écrire en même tems. Ayant fini l'étude du matin, qui est le mouvement de l'esprit, je commence le mouvement du corps et je ne trouve point de plus grand divertissement que la promenade. Quand le tems est beau, je marche dans de belles et longues allées à l'ombre des arbres ; nous appellons celà *se promener*[2], exercice que les Turcs ne peuvent souffrir, et qui paroît ridicule aux Asiatiques ; je fais donc tous les jours plusieurs milles, sans voyager. Pour cet effet le Roi entretient pour les oisifs[3], le plus beau jardin qui soit dans l'Europe[4].

Je me couche le soir le plus tard que je puis, je m'examine sur tout ce que j'ai fait pendant la journée pour me rendre compte à moi-même, ensuite je prie Dieu qu'il me ferme l'œil la nuit, pour me l'ouvrir le matin.

3. Mes besoins sont toûjours les mêmes, du pain, un lict et des habits : je ne désire point les viandes que mange un plus délicat, ou un plus riche que moi.

---

1.   Car à peine les coqs, commençant leur ramage,
        Auront de cris aigus frappé le voisinage.
                        Boileau. Satire VI.

2. Cet exercice est un peu plus hygiénique que de rester accroupi sur un tapis, ou de se faire traîner dans une voiture.

3. Le roi entretenait alors un jardin pour les oisifs ; de nos jours, M. Giraud s'immortalisera par son invention de la taxe sur les oisifs (12 mai 1880).

4. Les Tuileries.

En sortant des Palais des Grands, je n'ai pas honte
d'entrer dans ma petite retraite : les habits d'or et
d'argent ne couvriroient pas mieux mon corps, que
fait un habit de laine. Si j'ai disette de quelque chose,
je le cherche dans les livres de Sénèque [1] : *Voulez-vous
être riche, ne désirez rien.* Je m'abstiens de tout ce
que l'on vend cher et qu'on ne peut acheter qu'avec
un repentir. Avec cette modération, je fais mourir de
faim la volupté : et si quelquefois la chair se révolte,
l'avarice du sexe sert de remède à sa rébellion. J'aime
à faire l'amour à *Suzanne* [2] plûtôt qu'à *Dalila* [3], et je
ne donne pas volontiers mes cheveux, si je ne les coupe
moi-même. Comme il est plus difficile d'être Zénocrate [4], que de le paroître, nous serons toûjours
hommes tant qu'il y aura des femmes; et le meilleur moyen est de nous soûmettre le plaisir, et non
pas de lui être soumis.

4. Mes avantures ont été différentes :

Scrissi, piansi, cantaï, arsi, gelai,
Corsi, stetti, sostenni, hor tristo, hor liero,
Tutto fei, nulla sono. Per cangiar loco,

1. Sénèque le Philosophe.

2. Suzanne, femme juive, accusée faussement par deux vieillards débauchés qui n'avaient pu la séduire, et condamnée à mort,
fut sauvée par le jeune Daniel qui prouva son innocence.

3. Dalila, femme philistine, s'étant fait aimer de Samson, lui
coupa dans la nuit ses cheveux dans lesquels résidait sa force, et
le livra à ses compatriotes qui lui crevèrent les yeux.

4. Zénocrate (396-314 avant Jésus-Christ), philosophe grec,
disciple de Platon.

Stato, vita, pensier, costumi, et pelo,
Maï non cangiai fortuna.

5. Les étrangers sont bien venus en ce païs-ci
pourvû qu'ils ne demandent rien. Ils n'y ont autre
emploi que de se divertir et quelques-uns d'ôter la
suye des cheminées qui est le privilège des Savoyards,
qu'on voit dans les ruës plus noirs que les Etiopiens,
et plus puants qu'une synagogue. Au reste, j'ai fait le
sage et quelquefois le fou, qui n'est pas un petit
secret pour se faire aimer de tout le monde. J'ai écrit,
et même imprimé, et j'ai trouvé des applaudissemens
depuis le trône jusqu'à la houlette. Le Roi m'avoit
donné une pension et la guerre me l'a ôtée[1]. Les
Grands m'ont honoré de leurs paroles, et les gens de
lettres, d'encens et de fumée. Les femmes m'ont pressé
d'écrire des livres nouveaux, mais je n'ai jamais pû
faire un mot pour elles, si ce n'est quand j'ai été
amoureux; alors ma muse, qui ne sçait pas chanter, a
fait des poësies plus tendres que celle de Guarini[2].

6. Comme dans ce païs-ci, on dépense en tout tems,
et beaucoup, à moins que d'avoir deux anges gardiens,
un pour le corps, l'autre pour la bourse, la propre sen-
sualité et l'avarice d'autrui nous mettent premièrement
en chemise, et puis nous mènent à l'hôpital. Si je n'ai plus

1. Notre Sicilien avait obtenu, comme artiste sans doute, une
pension du roi que la guerre avait fait supprimer par mesure
d'économie.

2. Guarini, Jean-Baptiste (1537-1612), célèbre poëte italien,
ami du Tasse. Son ouvrage le plus célèbre est *Il Pastor fido.*

ce que j'ai dépensé, je me trouve avec un nouveau bien que je n'ai jamais eu, je suis devenu flatteur. Il faut ici loüer tout et toûjours, et les mauvaises choses plus que les bonnes; et on est contraint d'applaudir même le vice pour vivre en paix avec les jeunes gens. Je n'ai fait la guerre qu'à l'hipocrisie, ne pouvant souffrir qu'on trompe Dieu et les hommes pour honorer les démons. Je me suis rendu docteur dans les complimens et sur tout à demander pardon; et ces sortes de cérémonies sont plus triviales en France, que les soûpirs ne sont communs en Italie. Les amitiez, les promesses, les offres de service, sont ici de la nature des rossignols, *Vox, vox, prætereàque nihil.* On ne se fait ni compliment, ni civilité, qu'on ne demande toûjours pardon; après celà vous pouvez bien croire que l'on pardonne les injures, et si quelqu'un se souvenoit d'avoir été offensé, il ne seroit pas bon Français.

7. Pour ce qui est de Paris, je ne sçai par où commencer, pour vous faire la peinture d'une ville dont les habitans sont logez jusques sur les ponts[1] de la rivière et sur les toits des maisons[2], et où les femmes qui n'enfantent que des braves commandent plus que les hommes[3]. Cette grande ville est le siège du tumulte, et puisque vous en voulez une manière de

1. L'auteur semble blâmer cette mesure comme imprudente.

2. On trouverait encore des maisons dont le faîte, surélevé progressivement, présente jusqu'à huit étages aux environs du pont Neuf et dans le Marais.

3. Première attaque contre l'esprit de domination des femmes.

description, je commencerai par le mouvement perpétuel qui règne ici le jour et la nuit[1].

8. Quand le précepteur de Néron écrivit de la *Tranquillité de la vie*[2], je crois qu'il en prit le sujet sur les Carosses de loüage de son tems, en oposant le repos au bruit continuel qu'ils faisoient à Rome; il y en a ici un nombre infini, qui sont délabrez[3] et couverts de boüe, et qui ne sont faits que pour tuer les vivans[4]. Les chevaux qui les tirent mangent en marchant, comme ceux qui menoient Sénèque à la campagne, tant ils sont maigres et décharnez. Les cochers sont si brutaux, ils ont la voix si enroüée et si éfroïable, et le claquement continuel de leurs foüets augmente le bruit d'une manière si horrible, qu'il semble que toutes les Furies soient en mouvement

---

1. L'activité est le propre du caractère des habitants de Paris.

2. Sénèque le Philosophe, précepteur de Néron, a écrit le traité de la *Tranquillité de l'âme*.

3. Mal entretenus.

4. « Il ne manque à Paris que de la propreté dans les rues et de l'ordre dans cette multitude de voitures, de laquais, de foule en tout genre. C'est un fléau tel, que c'est un miracle pour moi que, dans une ville qui n'a point de commerce en grand, tous ces gens qu'on voit dans une journée, en se promenant dans les rues et les carrefours, aient tous le dos vêtu et le ventre plein. La plupart des maisons abritent d'ordinaire de six à dix familles entre le ciel et l'enfer, du grenier à la cave. C'est là, je crois, la vraie cause de cette malpropreté que nous avons l'habitude de reprocher à cette nation. Les gens de qualité, ceux qui ont assez de place autonr d'eux, sont bien plus propres et plus somptueux dans leurs maisons que ceux d'entre nous qui s'en piquent le plus ici, en Angleterre, quelles que soient nos prétentions à cet égard. »

JOHN EVELYN. Extraits.

pour faire de Paris un enfer[1]. Cette voiture cruelle se paye par heure, coûtume inventée pour abréger les jours, dans un tems où la vie est si courte.

9. De plus, le grand nombre de grosses cloches suspendües au haut d'une infinité de tours, ôtent la tranquilité à la première région de l'air[2], avec leurs retentissements lamentables, pour apeller les vivans aux prières, et pour donner le repos aux morts; ainsi les oreilles payent chèrement les plaisirs innocens, que tous les autres membres du corps peuvent prendre[3].

1. On pourrait appliquer a ces carrosses ce qu'un contemporain disait de la poste :

> Que ce fut un rude coquin
> Dont la poste eut son origine ;
> Il avait trois plaques d'airain
> Autre part que sur la poitrine.

2. On connaît les plaintes de Boileau sur le même sujet :

> Tandis que dans les airs mille cloches émuës,
> D'un funèbre concert font retentir les nuës,
> Et se meslant au bruit de la grêle et des vents,
> Pour honorer les morts font mourir les vivants.

3. Notre auteur italien semble s'être inspiré du satirique. Il nous a paru curieux de leur opposer un passage où un auteur moderne a décrit en prose poétique l'harmonie de la sonnerie des cloches du vieux Paris. Les vers du satirique, la prose du critique sont bien pâles, comparés à ce splendide tableau tracé de main de maître. L'aigle planant dans l'espace s'élève bien au-dessus des chauves-souris auxquelles on peut appliquer un autre vers de Boileau :

> Plus enclin à blâmer que savant à bien faire.

Ce n'est pas sortir de notre sujet que de mettre sous les yeux du lecteur une page de ce magnifique chapitre que l'on relit toujours avec plaisir : *Paris à vol d'oiseau.* Voir l'appendice. I. *Les Cloches.*

Si autrefois un Empereur eut la folie de juger de l'étendüe de Rome, en pesant toutes les toiles d'araignées qu'il fit ramasser de tout le circuit de cette grande ville, l'étendüe de Paris se pourrait mesurer à plus forte raison, par la quantité extrême de laquais, de chevaux, de chiens, de plaideurs, et de filoux qu'on y trouve; tous ces gens composent un tiers[1] de ce grand peuple.

10. Ajoûtez les hurlemens et les cris de tous ceux qui vont dans les ruës pour vendre des herbes, du laitage, des fruits, des haillons, du sable, des ballais, du poisson, de l'eau, et mille autres choses nécessaires à la vie[2]; et je ne crois pas qu'il y ait aucun sourd-né, si ennemi de lui-même, qui voulût à ce prix reçevoir l'oüie, pour entendre un tintamarre si diabolique.

1. Les laquais, classe improductive, les filous, classe dangereuse, étaient nombreux à cette époque, comparés aux ouvriers qui produisaient ; mais il y a exagération à en porter le nombre, même en y joignant les plaideurs, au tiers de la population parisienne ; c'est une exagération, comme il y en aussi à comprendre dans cette énumération les chevaux et les chiens: mêler bêtes et gens, c'est de la fantaisie et non de la statistique.

2. Ici l'auteur est peut-être au-dessous de la vérité. En reproduisant un petit poëme tout parisien, nous ferons mieux comprendre que par une longue note l'état moral de Paris aux XVIIe et XVIIIe siècles. A part quelques marchands ambulants des quatre saisons, relativement nombreux, c'est à peine si aujourd'hui la marchande de plaisir, le fontainier et le tondeur de chiens ont échappé au naufrage général ; le marchand de coco ne se retrouve que dans les fêtes publiques, et cependant, au commencement du XIXe siècle, on trouvait encore beaucoup de ces industries nomades faisant retentir de leurs *cris* les rues de Paris. Voir l'appendice II. *Cris de Paris.*

11. La privation de la vuë est ici fort honorée; je n'ai jamais vû un si grand nombre d'Aveugles[1]; ils vont par toute la Ville sans guide, et marchent plusieurs ensemble parmi une infinité de charrettes, de carosses et de chevaux, avec la même seureté que s'ils avaient des yeux à leurs pieds. Ils demeurent tous ensemble dans une grande maison, appelée l'*Hôpital des Quinze-Vingts*[2]; où ils sont nourris des aumônes du peuple, en mémoire de trois cens Gentilhommes François, à qui un Sultan d'Égypte fit créver les yeux; ils se marient, font des enfans, et se réjoüissent. Sur tout ils ne manquent pas de tourmenter dans toutes les églises, les fidéles à qui ils demandent l'aumône avec une *tasse* de cuivre[3] d'une main, et un bâton de l'autre[4], et d'une voïx aussi haute, que si les Chrétiens étoient ces mêmes Statuës, ausquelles autrefois le *Cinique* d'Athènes[5] demandoit du secours pour acquérir la patience.

12. Les maisons semblent ici bâties par des Philosophes, plûtôt que par des Architectes, tant elles sont grossières en dehors; mais elles sont bien ornées en dedans. Cependant elles n'ont rien de rare que la

1. Les ophthalmies ne sont pas plus communes à Paris qu'ailleurs, mais les aveugles des Quinze-Vingts peuvent sortir pendant le jour pour mendier ou vaquer à leurs affaires.

2. Alors auprès de la porte Saint-Honoré.

3. Les aveugles et leur tasse de cuivre, remplacée de nos jours par un gobelet de fer-blanc ou une sébille de bois, ont disparu des églises de Paris.

4. Au bâton ils ont substitué un chien ou un jeune enfant.

5. Diogène.

magnificence des tapisseries[1], dont les murailles sont couvertes, n'étant pas en France l'usage de les embellir par la sculpture.

13. Les Grands se distinguent par ne vouloir rien faire pour servir les autres, et par un grand nombre de bêtes et d'animaux à deux pieds[2], qui les suivent toûjours, quand ils se font traîner dans leurs carosses; les chevaux ont le pas devant les Laquais[3], étant la mode de les mettre, sur le derrière du carosse en troupes, droits sur les pieds comme le colosse de Rhodes, et embrassez ensemble dans une posture indécente[4], comme s'ils entroient en triomphe dans la ville de Pentapolis[5].

14. Ce n'est point exagérer, que de dire que tout Paris est une grande hôtellerie[6]; on voit par tout des

1. C'est plus chaud, sinon plus riche que les plus belles sculptures; on les a remplacées par du papier peint, ce qui n'est pas un progrès, mais ce luxe est à la portée de toutes les bourses.

2. C'est peu flatteur pour l'espèce humaine d'être assimilée aux animaux. Voir plus haut, n° 9.

3. Naturellement les chevaux traînant, et les laquais étant traînés.

4. Non moins qu'incommode.

5. Il y a plusieurs pentapoles; est-ce à celle de Libye qu'il est fait allusion?

6. C'est une nécessité, à cause du grand nombre d'étrangers et de célibataires qui s'y rencontrent. La plupart de ces hôtels étaient dans le faubourg Saint-Germain. Les étrangers le préféraient et les hôtels garnis s'y étaient multipliés en conséquence : « Depuis que la paix a été faite, lit-on dans les *Annales de la Cour et de la Ville* (1697-1698), il y a eu dans Paris un si grand nombre d'étrangers, que l'on en comptait quinze à seize mille dans le faubourg Saint-Germain seulement. Le nombre s'accrut encore bientôt de plus de moitié, en sorte que, au commencement de l'année

cabarets et des hôtes, des tavernes et taverniers[1]; les cuisines fument à toute heure, parce qu'on mange à toute heure; déjeûner, et manger toute la journée, sont en France la même chose[2]. Les François n'aiment pas les aromates du Levant, non pas qu'ils méprisent ces assaisonnements précieux; mais parce qu'étant les délices des Espagnols et des Italiens, ils ne veulent pas imiter les autres nations, même dans les bonnes choses[3].

15. Ils ne font rien avec avarice, leurs tables sont toûjours abondantes; ils ne mangent jamais seuls; ils aiment à boire de petits coups, mais souvent, et ils ne boivent jamais, qu'ils n'invitent leurs convives à faire le même[4]. Le menu peuple ne s'enyvre que les

suivante, on trouva qu'il y en avait trente-six mille dans ce seul faubourg. »

1. L'un est la conséquence de l'autre : s'il y a des étrangers, il faut des hôteliers pour les loger et les nourrir.

2. Le principal repas était au milieu de la journée :

> J'y cours, midi sonnant, au sortir de la messe.

Si le repas se prolongeait un peu, *on mangeait toute la journée.*

3.   Aimez-vous la muscade? on en a mis partout,

dit Boileau; et plus loin :

> Quand on parle de sauce, il faut qu'on y raffine;
> Pour moi, j'aime surtout que le poivre y domine;
> J'en suis fourni, Dieu sait! et j'ai tout Pelletier
> Roulé dans mon office en cornets de papier.

Ce passage du *Festin ridicule* contredit l'assertion de l'auteur, comme aussi l'usage des épices données aux magistrats et l'importance de la corporation des épiciers. D'ailleurs, dans les pays du Nord, l'usage des aromates comme stimulant de l'estomac est moins nécessaire que dans les pays chauds.

4. L'usage de *boire à la santé* a été longtemps usité dans les

jours de fête qu'il ne fait rien, mais travaille tous les jours ouvriers avec assiduité. Il n'y a pas un peuple au monde plus industrieux, et qui gagne moins, parce qu'il donne tout à son ventre, et à ses habits, et cependant il est toûjours content.

16. Le luxe est ici dans un tel excès, que qui voudrait enrichir trois cens villes désertes, il suffiroit de détruire Paris. On y voit briller une infinité de boutiques, où l'on ne vend que les choses dont on n'a aucun besoin; jugez du nombre des autres, où l'on achète celles qui sont nécessaires.

17. La rivière appellée la Seine passe au milieu de la ville, elle y apporte tout ce qui est nécessaire pour nourrir un million de personnes; ses eaux sont tranquilles et salutaires, les hommes et les animaux en boivent; mais on les achète toujours, soit qu'elles soient claires, ou qu'elles soient limoneuses. Ce que je trouve d'injuste, est qu'un sceau d'eau vaut autant quand la rivière est grosse que quand elle est basse[1].

18. Les choses nécessaires pour vivre, se voyent en abondance, et dans tous les endroits de la ville. Témistocle auroit trouvé dans chaque ruë de Paris, les trois villes que le Roi de Perse[2] lui donna, une pour le pain, et les deux autres pour le vin et pour les

repas, et se conserve encore dans quelques provinces. Il dégénérait quelquefois en provocations à boire avec excès. On ne porte plus de santés que dans les banquets et dîners d'apparat.

1 Pourquoi augmenter le prix de l'eau qui ne manque jamais.

2. Artaxercès Ier.

habits ; tout se prend ici dans le même lieu, pour la nécessité et pour le plaisir. Le plaisir étant autant recherché que le besoin, tant ont de pouvoir sur les hommes les choses vaines et inutiles.

19. Quoiqu'il ne pleuve pas[1], on ne laisse pas de marcher souvent dans la boue[2][3], comme l'on jette toutes les immondices dans les ruës[4], la vigilance des Magistrats ne suffit pas pour les faire nettoyer[5],

---

1. Quand il ne pleut pas, il ne laisse pas d'avoir de la boue.
2. Scarron cite, comme exception, la place Royale, un

> Pays où la botte
> Se conserve longtemps sans crotte.

Tallemant des Réaux raconte l'historiette suivante, qui pourra donner une idée de l'état de Paris à cette époque : « A la Saint-Martin (1636), ma veuve (Mme de Louvigny) revint à Paris; j'y allaix tout aussitôt. J'avois honte de paroître crotté devant elle; alors il n'y avoit ni chaises, ni galoches, et de la place Maubert, où je logeois, il y avoit bien loin à la rue Montorgueil, où elle logeoit avec sa sœur. Je cherche chez les loueurs; j'y trouve un cheval, qui pouvoit passer pour un cheval bourgeois; je loua une selle honnête et une bride à un sellier; j'avois déjà un laquais. » Que de frais pour éviter la boue et aller de la place Maubert à Saint-Eustache !

3. « Paris, dit l'*Hortentius du Francion*, livre X, à cause de sa boue, fut appelé Lutèce, d'où il en prend l'occasion de « l'Oraison démonstrative des bottes. »

4. On jetait toutes les immondices et eaux ménagères dans les rues dont le pavé n'était pas parfaitement entretenu. Guy Patin, si mes souvenirs sont exacts, visitant un de ses amis qui habitait la Cité, fut étonné de voir les chenets en cuivre tout couverts de vert de gris. Sur la remarque qu'il en fit, son ami lui fit observer qu'ils étaient récurés tous les jours. On peut juger par ce fait de l'état hygiénique de Paris.

5. La Reynie commença à mettre « l'ordre et la règle dans Paris. »

cependant les Dames ne vont plus qu'en mulles[1].
Autrefois les hommes ne pouvoient marcher à Paris,
qu'en bottines[2], ce qui fit demander à un Espagnol,
les voyant en cet équipage le jour de son arrivée, *si
toute la Ville partoit en poste*[3].

20. On voit plusieurs Ponts sur la rivière, les uns
de bois et les autres de pierres; il y en a sur lesquels
on a bâti quantité de maisons agréables, et plusieurs
boutiques pleines de marchandises précieuses : mais
le Pont-neuf paroît plus digne de la Ville que de la
rivière; il est soûtenu par douze grandes arches de
pierres massives, il est large et majestueux, et c'est
là principalement, où les carosses, les chevaux, les
charrettes, et le peuple y sont nuit et jour dans un
mouvement perpétuel[4]. On y voit au milieu la Statuë

1. Mule ou mulles, chaussure de dessus, que l'on mettait autrefois pour se garantir de la boue, et que nous nommons aujour-
d'hui galoches.

2. « Les cordonniers qui vendent des bottes vieilles et neufves
et qui entreprennent la fourniture des régiments sont placés rue de
la Barillerie, près le Palais. » *Livre commode* (1692). « Ce sont eux
qui font les souliers de fatigue qu'on nomme souliers de bottes. »
Édition de 1691. On s'en servait pour aller par les rues, tant
elles étaient boueuses, comme le prouve ce passage de la *Lettre d'un
Sicilien*.

3. On en abusa comme de toutes choses. Voir, sur le ridicule
des gens qui restaient toujours bottés : *La grande propriété des
bottes, sans cheval, en tout temps. (Variétés historiques et littéraires*, t. VI, p. 29.) L'*Hortensius du Francion* dans sa fameuse
oraison à propos de bottes (Liv. X) en démontre les avantages.
N'y a-t-il pas un adage, s'écrie-t-il, qui dit que la crotte de
Paris ne s'en va jamais qu'avec la pièce? »

4. Un vieux proverbe, d'abord appliqué au pont au Change,
puis transmis ensuite au pont Neuf, disait que chaque passant devait
y rencontrer : une de ces demoiselles, un moine, un cheval blanc.

équestre d'Henri le Grand élevé sur un magnifique pied d'estal, majestueux et digne d'un si grand Roi. Il semble que le bronze, tout froid qu'il est, respire encore l'ardeur martiale de ce prince guerrier, tant l'ouvrier[1] l'a vivement représenté.

21. Les femmes aiment ici les petits chiens[2] avec une passion extrême, et elles les caressent avec autant de tendresse que s'ils étoient de la race du chien qui suivit Tobie. Elles sont le plus beau, et le plus laid ornement[3] de la Ville, parce que les belles sont rares; mais elles surpassent en agrémens et en vivacité toutes les femmes du monde, et celà fait qu'elles ont la facilité de persuader, de gagner tout à elles, et de ne perdre jamais rien. Elles ont aussi le privilège de commander à leurs maris[4], et de n'obéir à personne. La liberté de ce sexe est ici plus grande que celle dont jouissent à la campagne les Arabes, qui ne couchent jamais le soir dans le lieu où ils se sont levez le matin. Elles sont également fines et éloquentes, elles vendent publiquement les marchandises dans les boutiques, et dans les places, et ne cèdent aux hommes ni en l'art de compter, ni en celui de chicaner, et de vendre chèrement les choses mêmes qui leur demeurent.

22. Celles qui se piquent d'être sçavantes ne donnent

---

1. Italien, comme l'auteur.

2. La mode était alors aux King's Charles; elle a passé depuis aux Bichons, aux Havanais et à d'autres encore.

3. Antithèse un peu forcée et un peu outrée.

4. C'est la seconde fois que l'auteur revient sur ce point.

quartier à personne; et quand elles tiennent dans la
tête les Maximes d'*Aminte* et de *Corisque*[1], il n'y a
point de Zénocrate[2] assez sévère qui ne se laisse
persuader. Quelques-unes vont au Parnasse en la
compagnie des Poëtes; et comme ici on condamne
l'ignorance des choses, même inutiles, presque toutes
les femmes se glorifient d'avoir eu des maîtres pour
les apprendre, et d'être sorties de quelque école;
ainsi il y en a qui écrivent et qui font des Livres; les
plus sages font des enfants, et les plus pieuses con-
solent les affligez; les plus sobres mangent par jour
autant de fois que les Musulmans font oraison, étant
la coûtume du païs de salüer le Soleil levant le pain
à la main.

23. Elles s'habillent toutes avec beaucoup de bien-
séance, on les voit à toute heure, elles aiment la conversation des personnes gayes, elles vont par la Ville
comme il leur plaît; la porte de leur maison est toûjours ouverte à ceux qui y sont entrez une seule fois;
elles ne haïssent personne, si ce n'est quand on les
raille de ces choses que *Lamia*[3] fit entendre au Roi
Démétrius[4], qu'elles étoient injurieuses à ce sexe,
c'est-à-dire quand un homme se vante de ce qu'il ne
fait pas, et qu'il ne tient pas la parole qu'il a donnée;

---

1. L'*Aminta*, drame pastoral du Tasse (1573).
2. Voir plus haut, p. 4, note 2.
3. Magicienne.
4. Démétrius I, *Poliorcète.*

elles changent souvent de modes dans leurs habits, comme elles changent souvent de visage.

24. Il y en a quelques-unes, qui en sortant de leurs maisons, oublient de fermer la porte; au mépris des voleurs; parce qu'elles portent sur elles tout leur patrimoine. Les plus nobles traînent par derrière une longue queuë d'or ou de soye, avec laquelle elles balient les Églises et les Jardins[1]. Elles ont toutes le privilége d'aller masquées en tout tems, de se cacher et de se faire voir quand il leur plaît, et avec un masque de velours noir[2] elles entrent quelquefois dans les Églises[3], comme au Bal et à la Comédie, inconnuës

---

1. Comme aujourd'hui, seulement on a inventé les *balayeuses*.

2. Pendant longtemps et surtout au XVIe siècle, les dames nobles couvraient leur visage d'un masque de velours noir, pour préserver la délicatesse de leur peau des atteintes de l'air. Ce masque s'appelait *loup* ou *cache-laid*. La mode reparut un siècle plus tard; la mode en revint pour hommes et femmes qui désiraient garder l'incognito; on avait son masque dans sa poche ainsi que son mouchoir et ses gants. Le prétendu masque de fer n'était qu'un masque de velours noir, maintenu par une armature d'acier. *La Satyre des Promenades*, parlant du Cours la Reine, fronde cet abus :

> Mais sortons, s'il se peut. J'étouffe, Dorimant,
> Et la foule en ce lieu croist à chaque moment.
> Tout s'y confond. On voit le fiacre et le carrosse,
> Le noble et le bourgeois, le bayard et la rosse,
> Dans une même lice aller d'un pas égal :
> On s'y masque en un mot comme en plein carnaval.

3. Quelques femmes plus audacieuses, dit M. Pierre Clément (*la Police sous Louis XIV*), osaient pénétrer dans les églises avec un masque. C'est ce que fit entre autres, vers les derniers jours de février 1683, la femme du procureur général des Monnaies. Dans son indignation, La Reynie avait proposé de la mettre à l'amende. Seignelay lui répondit que « le Roi ne le voulait pas, n'y ayant point encore d'ordonnance sur ce sujet: mais sa Majesté voulait

à Dieu, et à leurs maris. Les plus belles commandent aux hommes comme Reines, à leurs maris comme à des hommes, et à leurs amans comme à des esclaves[1]. Elles ne sçavent ce que c'est de donner le lait à leurs enfans, d'être retirées en leur maison, de faire la toile de Pénélope, se moquant d'Hercule, qui tournait le fuseau; et en vivant avec cette liberté, elles se vantent d'enfanter des Capitaines, et des gens de Lettres dont ce Païs abonde, se trouvant ici plus de Soldats et de Docteurs, qu'on ne voit dans les Indes et dans l'Asie de Superstitieux et d'Astrologues.

25. Elles donnent et reçoivent facilement de l'amour, mais on n'aime ni long-tems, ni assez : Les mariages, qui autrefois étoient pour toute la vie, ne sont à cette heure que pour un tems, celà fait que le divorce volontaire se trouve facilement d.ns les maisons les plus retenuës; après quoi le mari vit tranquille dans la Province; et la femme se réjoüit à Paris.

26. On ne voit presque jamais ici de jaloux, rarement un homme qui se croye malheureux pour l'infidélité de sa femme, et très rarement une fille qui sacrifie à Diane. Le baiser, qui en Turquie, en Italie et

qu'il en rendît une, portant telle amende qu'il estimerait à propos contre tous masques qui entreraient dans l'église, et qu'il la fît publier incessamment. » Depping. *Correspondance administrative,* II, 571.

1. C'est la troisième remarque de ce genre; l'auteur aurait-il eu à en souffrir? Pourquoi alors ne pas le dire de suite? Y mettre cette insistance n'est ni galant ni français. L'auteur devait être misogyne ou avait épousé une Xantippe.

en Espagne est le commencement de l'adultère, n'est ici qu'une simple civilité[1] : et si ce gentil Persan, qui fit tant de voyages mystérieux pour baiser trois fois le beau Cyrus[2], se fût trouvé à Paris, il n'auroit pas fait grand cas du plaisir qu'il eut. On ne fait point de visites où l'on ne mêle des baisers, mais ceux-là sont de la qualité des monnoyes, qu'on fait valoir ce qu'on veut ; et comme le baiser est une marchandise qui ne coûte rien, qui ne s'use point, et qui abonde toûjours, personne n'est avare d'en donner, et peu sont avides d'en prendre.

27. La légereté est le cinquième élément des François, ils sont amateurs des nouveautez, et ils font tout ce qu'ils peuvent pour ne pas conserver long-tems un ami. Ils s'accommodent en même temps du froid et du chaud : ils inventent tous les jours des modes nouvelles pour s'habiller ; et s'ennuyant toûjours de vivre dans leur Païs, on les voit aller tantôt en Asie, et tantôt en Afrique, peu en Espagne, plusieurs en Italie, et en une infinité de Païs différens, seulement pour changer de lieu et pour se divertir. Ceux qui

1. Il n'y avait autrefois d'autre manière de saluer les dames en France, en Angleterre et en Allemagne, qu'en les baisant sur la bouche ; c'eût été une incivilité, un affront qu'une dame honnête, en recevant la première visite d'un seigneur, ne le baisât pas à la bouche, malgré ses moustaches. « C'est une déplaisante coutume, s'écrie Montaigne, et injurieuse aux dames, d'avoir à prêter leurs lèvres à quiconque a trois valets à sa suite, pour mal plaisant qu'il soit. »

2. *Artamène ou le grand Cyrus*, roman de Mademoiselle de Scudéri (1650).

ne peuvent voyager font de leurs maisons comme de leurs habits; ils changent souvent de demeure, de peur, disent-ils, de vieillir dans le même endroit.

28. Les Tailleurs ont plus de peine à inventer qu'à coudre; et quand un habit dure plus que la vie d'une fleur, il paroît décrépit. De là est né un peuple de Fripiers, gens vils et descendus de l'ancien Israël; ils font profession d'acheter et de vendre de vieux haillons, et des habits usez, et ils vivent splendidement de dépoüiller les uns et de vêtir les autres. Commodité assez singulière dans une Ville très peuplée, où ceux qui s'ennuyent de porter long-tems le même habit, trouvent à le changer avec une perte médiocre, et où les autres qui en manquent ont le moyen de s'habiller avec une petite dépense. Enfin ce qui est de plus incroyable, c'est que si en un seul jour cent mille plaideurs sortoient nuds des mains des Procureurs, il y a dans cette Ville assez de chemises et d'habits pour couvrir leur nudité[1].

29. L'idiome des François est un noble mélange du Latin, de l'Italien et de l'Espagnol; il est agréable seulement à qui l'entend bien; ils mangent la moitié des mots; ils n'écrivent pas comme ils parlent, et ils se font un plaisir de parler pour n'être pas entendus, tant leur manière de prononcer est rapide et préci-

---

1. Aujourd'hui ils n'auraient qu'à traverser le pont Neuf pour entrer dans les magasins de « la Belle Jardinière » et autres confectionneurs ; inutile de pousser jusqu'à la rue Tirechape et aux piliers des Halles qui n'existent plus, non plus que les fripiers.

pitée, quoique présentement leur langage soit épuré et gracieux.

Comme ils s'ennuyent de s'entretenir des choses présentes, ils discourent toûjours de l'avenir, rarement du passé et jamais de l'antiquité. Ils croyent que c'est un vice des Espagnols d'aller déterrer les siècles éloignez, et ils ne cherchent que des livres nouveaux, des chevaux jeunes et des amis qui soient nez le même jour.

30. On connoît un véritable François à quatre choses : *quand l'horloge sonne, quand il interroge quelqu'un, quand il promet, et quand il parle de ses amours.* A peine l'horloge commence à sonner, qu'il demande quelle heure il est ; il veut que son ami lui réponde avant qu'il l'ait interrogé ; il ne fait que ce qu'il ne promet pas, et, pour ses amours, il a plus de plaisir à publier les faveurs de sa maîtresse qu'à les recevoir[1].

Si le changement de tems oblige les François de se vêtir de laine le matin, et de soye l'après-diné, la légèreté de leur esprit les oblige aussi à se faire de nouvelles manières de vivre et de s'habiller.

31. Le luxe et la bonne chère seroient ici deux biens plutôt que deux maux, s'il n'y avoit que les

---

1. Il n'a qu'un seul deffaut qui fait tort à sa gloire :
Il cherche le triomphe autant que la victoire,
Et, lorsque tout leur rit, son amour indiscret
Ne se croit pas heureux s'il ne l'est qu'en secret.

Satyre des Promenades.

riches qui vécussent splendidement; mais la jalousie
l'a fait passer aux autres à qui elle devient ruineuse.
Ainsi il semble que Paris aproche continuellement de
sa fin, s'il est vrai ce qu'a dit un ancien, *que la dépense excessive est le signe évident d'une cité mourante.*
Mais présentement que les laquais et les cochers
commencent à porter l'écarlate et les plumes et que
l'or et l'argent sont devenus communs jusque sur
leurs habits, il y a aparence que l'on verra finir le
luxe excessif, n'y ayant rien qui fasse tant mépri-
ser les habits dorez aux personnes nobles, que de
les voir sur le corps des derniers hommes du
monde[1].

32. Le Roi seul est obéï et il n'y a pas un grand
qui ose menacer le plus petit. Quand vous avez rendu
au Maître ce qui lui est dû, du reste vous pouvez
vivre à la *Grecque*[2]. On n'est pas obligé par les ruës
de tirer son chapeau devant qui que ce soit, si ce n'est
devant Dieu quand on le porte aux malades. Ceux de
la lie du peuple jouïssent du même privilège, ils ne
cèdent le pas à personne, ils ne souffrent pas la moindre injure et ils se font craindre plus que les honnêtes
gens, ne sçachant pas ce qui se fait dans les Républiques, où mille Maîtres commandent à une infinité
d'esclaves.

1. Les lois somptuaires arrêtent un moment les excès du luxe
sans en détruire la source et l'occasion.

2. Aussi libre qu'on l'était aux beaux temps de Sparte et d'A-
thènes.

33. Il n'y a pas un peuple plus impérieux et plus hardi; ils se sont donné eux-mêmes le bruit de ne rien faire le soir de ce qu'ils ont promis le matin, ils disent qu'ils sont les seuls au monde, d'avoir le privilège de manquer de parole sans craindre de rien faire contre l'honnêteté, et cela, parce qu'ils croyent être les seuls au monde qui sçavent jouïr de la véritable liberté.

34. Les pierres se vendent ici fort cher; une petite chambre vaut plus que dix maisons en Moscovie[1]. La mienne, où Platon ne voudroit pas coucher, et où Diogène même ne trouveroit rien de superflu, m'oblige à une dépense que dix ciniques ne pourroient pas soûtenir; cependant tout mon meuble ne consiste qu'en une médiocre tapisserie qui couvre quatre murailles minces, en un lict, une table, quelques chaises, un miroir et le portrait du Roi.

35. Les mauvaises choses sont plus chères que les bonnes; les figues sont de ce nombre, elles se vendent plus que les melons en Espagne. Assûrément qu'Eve n'auroit pas désobéï à Dieu dans le paradis d'Arménie, si le fruit défendu avoit été une de ces figues, mais en échange les poires sont excellentes.

Les oranges et les citrons tiennent le premier rang entre les choses qui se vendent cher, parce qu'ils viennent d'Italie et de Portugal, et ils sont plus estimez que les autres fruits : telle est l'inclination de

---

1. Les maisons y étaient alors de bois.

l'homme, qui ne trouve bon que ce qui coûte beaucoup[1].

36. Le vin est d'un prix médiocre quand il est aux portes de la ville, mais d'abord qu'il est entré il se change en or potable[2], une petite mesure vaut plus à Paris qu'un baril à la campagne; les riches trouvent cette liqueur plus chère que les autres qui l'achètent à mesures comptées dans les tavernes. Les taverniers sont en si grand nombre, qu'ils peupleroient une grande ville; ils sont presque tous saints[3], par la vertu qu'ils ont d'augmenter cette liqueur, *en changeant l'eau en vin,* c'est-à-dire en rendant Bacchus adultère.

37. Si vous venez jamais à Paris, gardez-vous de mettre le pied dans les boutiques où l'on vend les choses inutiles; d'abord que le Marchand vous a fait

1. « Les épiciers de la rue de la Cossonnerie vendent en gros des câpres fines, des oranges et des citrons de Provence, de la Chine et de Portugal. » *Livre commode.* Les oranges de Chine, que nous appelons aujourd'hui des *mandarines,* étaient alors fort recherchées. Il n'y avait qu'un demi-siècle que la culture en avait commencé en Portugal, d'où elles nous venaient. Dans l'*Avare,* Cléante voulant mettre hors de lui son père Harpagon, lui propose pour sa collation « quelques bassins d'oranges de la Chine, de citrons doux et de confitures. » Tout ce genre de fruits était, du reste, à la mode, parce qu'il n'était pas à la portée de tout le monde; c'est pour cela que la *Lettre* en parle.

2. Saint-Evremond s'étonnait que l'eau de Seine fût toujours payée le même prix; aujourd'hui le vin ordinaire paye autant d'entrée que le vin d'extra; n'est rien plus injuste.

3. Les taverniers d'alors étaient des saints à miracles; *en changeant l'eau en vin,* les *mastroquets* de nos jours vendent du vin où il n'entre pas de raisin; c'est le comble de l'industrie.

la description de ses marchandises, avec plusieurs paroles précipitées, il vous flatte et vous invite insensiblement et avec beaucoup de révérences à acheter quelque chose, et à la fin il parle tant qu'il vous ennuye et vous étourdit. Quand on entre dans sa boutique, il commence par montrer tout ce qu'on ne veut pas, faisant voir ensuite ce qu'on demande, et alors il dit et il fait si bien, que vous dépensez tout vôtre argent en prenant la marchandise qu'il vous donne pour plus qu'elle ne vaut.

C'est par ce moyen qu'ils se payent de leur civilité, et des peines continuelles qu'ils prennent à montrer inutilement, et cent fois par jour, leurs marchandises à des curieux qui veulent tout voir sans rien acheter. Que si les choses inutiles s'achètent plus cher que les autres, je trouve que le censeur romain avoit raison en disant *que ce qui coûte une obole est très cher quand il n'est pas nécessaire.*

38. Aujourd'hui il a plu le matin, le tems a été beau à midi, ensuite il a neigé, et tout à coup il s'est élevé un orage avec de la pluye qui a duré deux heures ; enfin l'air a paru tranquile et le soleil s'est montré, qui a fini le jour agréablement. Tel est le climat de Paris[1], le chaud du soir succède au froid du matin ; les élémens sont ici dans un mouvement perpétuel et les saisons presque toujours déréglées ; le ciel n'y est jamais en repos et ses influences sont toû-

---

1. Voir plus haut, p. 4, note 2.

jours inégales, il n'y a de la persévérance que dans les mauvaises choses, surtout dans l'hyver[1] qui dure ici huit mois, avec toutes les rigueurs de cette saison qui succèdent les unes aux autres, pluyes, neiges, grêles, gelées, frimats, et un tems noir qui cache le soleil les mois entiers. Ce n'est donc pas une grande merveille si les Français s'accomodant à l'inconstance de leur climat sont si remplis de légèreté, et si les Dames portent en même tems un manchon d'une main[2] et un éventail de l'autre[3].

39. Pendant le carême, le peuple court le matin au sermon avec une grande dévotion, et l'après-dîné à la comédie avec le même empressement. Il y a ici trois théâtres[4] qui sont continuellement ouverts pour divertir ceux qui aiment ces sortes de plaisirs. Sur l'un, on représente des spectacles en musique, et les deux autres sont remplis, l'un par les comédiens françois, et l'autre par des comédiens italiens. Chaque troupe travaille à l'envi pour s'attirer des spectateurs, mais la foule se

1. L'hiver est la saison des pluies, non des frimas, en France.

2. L'habitude de porter des robes dégagées eut pour conséquence l'emploi des écharpes, *mandilles* ou mantilles espagnoles, des pelisses empruntées aux peuples du Nord, de s *palatines,* ainsi nommées de la princesse qui les introduisit en France. L'usage des manchons commença à devenir plus commun, quoique ces fourrures fussent toujours réservées aux femmes de haute qualité.

3. Le luxe des éventails fut aussi porté très loin au xviie siècle ; dans l'origine, ils étaient formés de plumes. Plus tard on fit des éventails d'ivoire et d'autres matières, qu'on orna de ciselures, de sculptures et de peintures qui avaient quelquefois une grande valeur.

4. La Comédie française, la Comédie italienne et l'Opéra.

trouve au théâtre où l'on rit davantage; c'est pour cela que les comédiens italiens profitent plus que les comédiens françois de la simplicité populaire.

47. Les solliciteurs, les charlatans, les joüeurs et les laquais sont un des plus beaux ornemens de Paris. Les premiers nous aprennent à ne point plaider, de peur qu'ils n'absorbent nôtre bien par leurs chicanes. Les seconds nous montrent la manière de vivre sobrement, afin que nous ne tombions pas entre leurs mains et qu'ils ne nous tuent par leurs remédes. Les joüeurs excitent nôtre vigilance pour garder notre bien. Et les laquais ont trouvé le secret de nous faire goûter le plaisir de nous servir nous-mêmes, *pour ne pas avoir, comme dit le Seigneur, des ennemis dans notre maison*[1].

Ils disent entr'eux que les valets allemands sont camarades de leurs patrons, que les valets anglois sont esclaves, les Italiens respectueux, les espagnols soûmis, mais qu'eux, valets françois, sont les seuls qu commandent à leurs maîtres[2]. Leur insolence est extrême, et le roi leur a défendu, sous de grièves peines

---

1. *Inimici hominis domestici ejus.* S. Math. X, 25.

2. On trouve dans les Œuvres mêlées de Saint-Évremond, II, 198, édition Giraud, 1866, une énumération de ce genre à propos de la musique d'opéra : « *Solus Gallus cantat,* il n'y a que le Français qui chante. Je ne veux pas être injurieux à toutes les autres nations, et soutenir ce qu'un auteur a bien voulu avancer *Hispanus flet, dolet Italus, Germanus boat, Flander ululat, Solus Gallus cantat* ; je lui laisse toutes ces belles distinctions et me contente d'appuyer mon sentiment de l'autorité de Luigi, qui ne pouvait souffrir que les Italiens chantassent ses airs après les avoir ouï chanter à M. Nyert, à Hilaire, à la petite La Varenne. »

de porter des bâtons[1], avec quoi ils faisoient tous les

1. Et plus loin des laquais, l'un l'autre s'agaçans
  Font aboyer les chiens et jurer les passans !
       BOILEAU. *Sat. VI.*

Deux déclarations, l'une de 1660 et l'autre de 1666, avaient interdit le port d'armes aux particuliers. Cependant les laquais et domestiques de grande maison continuèrent de porter l'épée. Dès les premiers temps de son administration, La Reynie annonça l'intention de faire quitter l'épée aux valets et autres personnes capables de causer du désordre, de faire sortir de Paris les gens sans aveu et de purger ainsi la ville de tous les vagabonds. Ces principes posés et nettement proclamés, il s'agissait de montrer qu'ils ne seraient pas lettre morte. Une occasion se présenta bientôt. Un laquais du duc de Roquelaure et un page de la duchesse de Chevreuse avaient battu et blessé un étudiant sur le pont Neuf. Ils furent appréhendés, condamnés à être pendus et exécutés sans miséricorde, malgré les plaintes de leurs maîtres, dont la dignité se prétendait offensée par cette application du droit commun à leur domesticité, — tant les instincts féodaux étaient difficiles à refréner. Deux ans après, le 5 juin 1669, La Reynie remettait en vigueur d'anciennes ordonnances défendant aux domestiques de quitter leurs maîtres sans congé, et aux maîtres de prendre des domestiques sans livret régulier. Si l'esprit de réglementation était en ce cas excessif, il témoigne du moins de l'état des mœurs. (P. Clément. *La police sous Louis XIV.*) Si nous insistons sur ce point, c'est que l'auteur de la *Lettre* l'a fait et que nous y trouvons un signe du temps. L'ouvrage cité plus haut renferme d'autres exemples qui montrent l'étendue du mal et les efforts faits pour le détruire. La violence et l'insolence des laquais de grande maison étaient tellement enracinées que, le 25 mars 1673, le lieutenant général de police dut leur défendre de nouveau de s'attrouper sous peine de la vie, et de porter des cannes ou bâtons, sous peine de punition corporelle, indépendamment d'une amende de trois cents livres contre leurs maîtres. L'ordonnance était motivée sur ce que la défense faite plusieurs fois aux laquais, et le châtiment exemplaire que quelques-uns avaient encouru ne suffisaient pas pour empêcher un certain nombre d'entre eux d'en porter et de se livrer à des actes de brutalité intolérables sur les bourgeois, et même sur les personnes de qualité. Cependant le désordre continua, et l'on vit en 1682 les laquais commettre de

jours de nouveaux désordres. Sur tout étant plus de

nouvelles insolences envers des jeunes filles et des dames de la
cour, à la porte des Tuileries ; d'après le récit des *Lettres historiques et anecdotiques*, juin 1682, Bibl. nation., Mss. F. 10,245.
Enfin, plus tard, en 1693 et 1696, des ordonnances interdirent
aux domestiques d'entrer dans les jardins des Tuileries et du
Luxembourg, et il fallut encore leur réitérer la défense de porter
des bâtons. (Depping. *Correspondance administrative sous
Louis XIV.*) Primitivement, le jardin des Tuileries était accessible
à tout le monde, comme le prouve un fragment des *Mémoires* de
Charles Perrault (1759) ; il se rapporte à l'année 1664, époque où
Le Nôtre avait remplacé l'ancien jardin par un nouveau. « Quand
le jardin des Thuileries fut achevé de replanter et mis dans l'état
où le voyez : « Allons, me dit M. Colbert, aux Thuileries en
condamner les portes. Il faut conserver ce jardin au roi, et ne pas
le laisser ruiner par le peuple, qui en moins de rien l'aura gâté
entièrement » La résolution me parut bien rude et fâcheuse pour
tout Paris. Quand il fut dans la grande allée, je lui dis : « Vous
ne croiriez pas, monsieur, le respect que tout le monde, jusqu'au
plus petit bourgeois, a pour ce jardin. Non seulement les femmes
et les petits enfants ne s'avisent jamais de cueillir aucune fleur,
mais même d'y toucher ; ils s'y promènent tout comme des personnes raisonnables ; les jardiniers peuvent, monsieur, vous en
rendre témoignage. Ce sera une affliction publique de ne pouvoir
plus venir ici se promener, surtout à présent que l'on n'entre plus
au Luxembourg ni à l'hôtel de Guise (actuellement les Archives
nationales). — Ce ne sont que des fainéants qui viennent ici, me
dit-il. — Il y vient, lui répondis-je, des personnes qui relèvent de
maladie pour y prendre l'air ; on y vient parler d'affaires, de
mariages et de toutes autres choses qui se traitent plus convena-
blement dans un jardin que dans une église, où il faudra à l'avenir se donner rendez-vous. Je suis persuadé, continuai-je, que les
jardins des rois ne sont si grands et si spacieux qu'afin que tous
leurs enfants puissent s'y promener. » Il sourit à ce discours, et
dans ce même temps, la plupart des jardiniers des Thuileries
s'etant présentés devant lui, il leur demanda si le peuple ne faisait
pas bien du dégât dans leur jardin : « Point du tout, Monseigneur,
répondirent-ils presque tous en même temps, ils se contentent de
s'y promener et de regarder. — Ces messieurs, repris-je, y trouvent
même leur compte, car l'herbe ne croît pas si aisément dans leurs
allées. » M. Colbert fit le tour du jardin, donna ses ordres et ne

cent mille[1] capables de toutes sortes d'emportemens.

42. Le lieu où le Parlement s'assemble fait une ville au milieu de la ville même ; ce lieu n'est fréquenté que par ceux qui défendent leur bien ou qui veulent avoir celui des autres. Diogène, avec sa lanterne, n'y trouveroit pas deux amis, ni un homme content.

43. Les Procureurs, qui sont en troupes dans toutes les villes de France, se trouvent ici en milliers ; c'est une espèce d'hommes choisis pour dégraisser ceux qui sont trop gras, et pour empêcher que les maigres n'engraissent ; il semble que les Princes ne les souffrent qu'afin d'entretenir une sorte de guerre civile parmi leurs sujets, persuadez que s'ils ne passoient leur vie à demander en justice ce qui leur apartient, et à usurper ce qui ne leur apartient pas, leur autorité seroit en danger par leurs intrigues et par leur agitation. Quand j'entre dans la grand'salle, je vois une infinité de personnes échauffées, dont la moitié tourmente l'autre par des contestations opiniatrées depuis plusieurs années ; et soûtenuës par les inventions dia-

parla point de fermer l'entrée à qui que ce soit. J'eus bien de la joie d'avoir en quelque sorte empêché qu'on n'ôtât cette promenade au public. Si une fois M. Colbert eût fait fermer les Thuilleries, je ne sçais quand on les aurait rouvertes. Cette dureté auroit été louée de toute la cour, qui ne manque jamais d'applaudir au ministre, particulièrement quand il paraît avoir du zèle pour le plaisir du prince. »

1. Ce nombre est sans doute exagéré ; il est certain qu'il était très grand au xviie siècle, où l'usage de se faire accompagner de *laquais* devint très commun. On eut de grands et de petits *laquais,* et les comédies de Molière attestent assez que cette coutume avait passé de la noblesse à la bourgeoisie.

boliques des praticiens. Leur robe est longue et noire, pour faire voir combien elle est funeste à tout le monde ; ils portent sur la tête un bonnet à quatre cornes à la manière des prêtres, et en cet équipage ils conduisent leurs parties sur l'autel de Justinien[1].

43. Leurs armes sont la langue, la plume et la bourse ; avec les deux premières, i.s défendent et rüinent leurs clients, et avec la bourse ils les dépoüillent : ils ne finissent les procès que quand les parties n'ont plus d'argent pour les continuer ; et lors qu'ils sont jugez, il ne reste aux Plaideurs qu'un amas de papiers barboüillez remplis d'une espèce de termes magiques que personne ne peut comprendre ; c'est dans ce champ de bataille, où le père et l'enfant, le mari et la femme, le maître et le valet, combattent l'un contre l'autre à coups de plumes, avec des menaces, des injures et des calomnies, et où l'on voit des concussions réelles, des dépôts niez, des vols de tuteurs et des pleurs de veuves et d'orphelins.

44. Quand au bout d'un grand nombre d'années quelqu'un gagne son procès, sa victoire le réduit à la mendicité ; cet exercice de contestation a quelque chose de bizarre, deux adversaires sollicitent jour et nuit le même juge, l'un pour demeurer en chemise, et l'autre pour être nud, l'expérience ne faisant que trop voir que celui qui gagne son procès à peine

---

1. La *Lettre* ne ménage pas plus les procureurs que les médecins.

a-t-il de quoi s'habiller et que celui qui le perd n'a pas de quoi se couvrir[1].

45. Les livres sont dans la bibliothèque d'un fameux avocat[2], comme on voit dans la mer les poissons dont une partie mange l'autre. Un million de morts[3] sont rangez en bataille les uns contre les autres, pour entretenir la sédition dans toutes les familles des vivans, tant les opinions de ces docteurs interprêtes des lois sont opposées, douteuses, incertaines et variables. C'est ainsi que les lois de Justinien et de tous les autres princes sont corrompües, violées ou confondües par ces interprêtes ignorans ou malicieux, qui ne connoissent pas la vérité de la loi ou qui se font un plaisir d'y trouver un sens inconnu, se souciant peu que leur interprétation subtile devienne la source d'une infinité de mauvaises contestations. Le proverbe espagnol me semble bien véritable, qui *commence un procès plante un palmier,* arbre qui ne donne jamais de son fruit à celui qui le plante. Les mahométans sont bien plus heureux, leurs bâtons décident plus de procez en deux jours que tous les docteurs en plusieurs années. Les Romains ne s'accordoient pas en la manière dont devoit être le barreau ; *Caton*[4] vouloit que le plancher fût

1. C'est la fable de « l'Huître et les Plaideurs. »
2. Les avocats s'appuyant souvent sur un même texte de loi pour plaider le pour et le contre, selon les besoins de leur cause et de leur client.
3. Les auteurs.
4. Caton le Censeur (234-149 avant Jésus-Christ) ; on lui éleva une statue avec cette inscription : *A Caton, qui a corrigé les mœurs.* Il apprit le grec à quatre-vingts ans.

tout hérissé de pointes pour déchirer les pieds des plaideurs, et *Marcellus*[1] au contraire qu'il fût bien couvert contre les injures du tems, afin d'inviter tout le monde à y venir multiplier les contestations.

46. Les médecins guérissent et tuent ici les malades comme dans tous les lieux du monde! Quand ils aprochent d'un malade, au lieu de connoître son mal ils le lui demandent[2]. Il n'y a point de remède plus seur pour avoir une vie longue et heureuse que de les éloigner[3]. Un poëte latin parlant d'un jeune Romain qui s'étoit allé coucher en bonne santé, dit qu'il mourut subitement pendant la nuit, et celà parce qu'il avoit vû un médecin en songe. Ce que je trouve d'injuste, c'est que l'on paye également le médecin qui tuë et celui qui guérit, et qu'on ne trouve aucun juge qui punisse un médecin ignorant[4].

1. M. Claudius Marcellus, le client de Cicéron.

2. Ce qui ne permet pas toujours au disciple d'Esculape d'établir avec certitude son diagnostic.

3. Ceci sent l'école de Molière : « Si vous êtes médecins, dit M. de Pourceaugnac, je n'ai que faire de vous, et je me moque de la médecine... Mon père et ma mère n'ont jamais voulu de remède; et ils sont morts tous deux sans l'assistance des médecins. »

4. « Ce serait à déserter la profession, qui voudrait être médecin le cas échéant? Je ne dirai pas, — c'est Édouard Fournier qui parle, — que la médecine moderne me fait regretter l'antique et que je mets sur la même ligne la pratique routinière de M. Purgon et la science si hautement philosophique de Bichat; ce serait pousser mon système jusqu'à la barbarie. Mais ce que je regretterai bel et bien, par exemple, c'est l'ancienne législation sur les médecins. Quand me rendra-t-on cet excellent bailli de Dijon qui, en 1386, fit mettre en prison et condamna, de plus, à une amende de cinquante francs d'or un médecin qui n'avait pas guéri ses

47. Le plus adroit exercice est celui de certains voleurs, qu'on appelle ici Filoux[1], leur métier est

malades? » Les Visigoths faisaient de même. On trouve dans leurs lois des stipulations d'amende contre les médecins qui ne guérissaient pas. (Lindenbrog. *Lois des Wisigoths*, xi, 1, 5.) « Asclépiade, disait encore Guy Patin, pensait que le devoir d'un médecin était de guérir les malades *tutò, celeriter et jucundè*; nos antimoniens nous envoient en l'autre monde, *tutò, et celeriter.* » On pourrait multiplier les citations, les faits ne manquent pas.

L'auteur écrit au courant de la plume sans ménager ses transitions, peut-être à dessein; ainsi des médecins il passe aux filoux (47), de la célébration des mariages à la vente des huîtres, etc.

1. Un mémoire, qui remonte aux premières années de Colbert, ayant pour but « de remédier aux vols et assassinats qui se commettent de nuit dans la ville de Paris par le moyen de corps de garde qu'on pourra établir pour ce sujet », confirme la description de Boileau et va même au delà; il avisait aux moyens de débarrasser la capitale des coupe-jarrets, qui en rendaient le séjour si peu sûr aux honnêtes gens. Si connus que soient ces vers, il n'est pas hors de propos de les reproduire ici.

> ...Sitôt que du soir les ombres pacifiques
> D'un double cadenas font fermer les boutiques;
> Que, retiré chez lui, le paisible marchand
> Va revoir ses billets et compter son argent,
> Que, dans le Marché-Neuf, tout est calme et tranquille,
> Les voleurs à l'instant s'emparent de la ville;
> Le bois le plus funeste et le moins fréquenté
> Est, au prix de Paris, un lieu de sûreté.
> Malheur donc à celui qu'une affaire imprévue
> Engage un peu trop tard au détour d'un rue?
> Bientôt quatre bandits lui serrant les côtés :
> La bourse ! il faut se rendre; — ou bien non, résistez,
> Afin que votre mort, de tragique mémoire,
> Des massacres fameux aille grossir l'histoire.

Les guerres civiles, l'absence de police avaient multiplié le nombre des malfaiteurs, et c'est avec raison qu'on a pu publier les « reigles, statuts et ordonnances de la Caballe des filous reformée depuis huit jours dans Paris, ensemble leur police, estat, gouvernement, et le moyen de les cognoistre d'une lieue loing sans lunettes. » Voy. *Variétés historiques et littéraires*, t. III, p. 147.

plus subtil que celui de *Geber* [1]; s'il a montré à changer le plomb en or, ceux-ci font l'or avec rien; ils volent avec tant d'adresse, que s'il n'étoit honteux de se laisser voler, ce seroit un plaisir de l'être par des gens si fins et si rusez. Hercules n'auroit jamais sçù qui lui avoit pris ses bœufs, si Cacus [2] eût été filou de Paris : à vous dire la vérité, qui va la nuit est en danger de se trouver nud comme nos premiers parents, et qui dort pendant le jour fait souvent mentir Aristote, qui dit qu'il n'y a point de vuide dans la nature [3]; car ceux qui ne veillent pas assez, ne trouvent rien ni dans leurs coffres, ni dans leurs maisons. Ces filoux sont toûjours punis par les juges, mais, c'est quand on les attrape, et qu'ils ne font pas leur métier adroitement [4].

48. Les animaux sont ici plus doux qu'en pas un lieu du monde; on ne voit point de serpents, ni presque aucune sorte de bêtes venimeuses. Ce qui est admirable, c'est de voir que les chevaux qui sont les animaux les plus fiers, perdent ici leur fierté, et

1. Célèbre chimiste ou alchimiste arabe, qui vivait à la fin du VIIIe siècle ou au commencement du IXe. Un autre astronome de ce nom brillait au XIIe siècle.

2. Géant monstrueux ayant un jour volé quelques génisses à Hercule, ce héros força l'entrée de la caverne où il s'était barricadé et l'étouffa.

3. Que la nature a horreur du vide.

4. Ce passage voudrait-il dire que la justice d'alors, comme les Spartiates, punissait, non le fait délictueux, mais la maladresse de celui qui s'était laissé prendre? Ce serait le cas d'appliquer le vers :

Victrix causa Diis placuit, sed victa Catoni.

deviennent plus doux que ne sont les ânes d'Arcadie. Les François en font tout ce qu'ils veulent, il s'en faut peu qu'ils ne les fassent mettre à genoux, comme les Turcs font aux chameaux de leurs caravanes. Ils les battent, ils les chatient, et quand ils ne sçavent plus comme les tourmenter, il les réduisent à la vilaine figure de singe en leur coupant la queuë et les oreilles; c'est de là qu'est venu le proverbe, que *Paris est le Paradis des femmes, le Purgatoire des hommes et l'Enfer des chevaux* [1].

49. Quant à la dévotion, je n'ai jamais vû peuple plus dévot, prêtres plus retenus, clergé plus réglé et religieux donner meilleur exemple. Le peuple fréquente les églises avec piété; les marchands vont demander à Dieu que leur négoce prospère, il n'y a que les nobles et les grands qui y viennent pour se

---

1. Variantes : « J'ai tousjours ouy dire que Paris estoit le purgatoire des plaideurs, l'enfer des mules, et le paradis des femmes.

Ancien théâtre français, VII, 207.

On a dit aussi que c'était l'enfer des hommes et des chevaux, mais le paradis des dames.

D. — Qu'est-ce que Paris?

R. — *Le paradis des femmes, le purgatoire des hommes et l'enfer des chevaux. Catéchisme des Courtisans*, 1668.

« Ce proverbe, qu'on croyait ne remonter qu'à la fin du XVIIe siècle, dit Ed. Fournier, se trouve ainsi au complet dans le *plaisant galimatias d'un Gascon et d'un Provençal*. Nous l'avons vu servir de texte à une caricature parue dans la dernière année du règne de Louis XIV, et qui a été reproduite dans le *Musée de la Caricature*, IIe livre, et par le *Magasin pittoresque*, tome VII, p. 36. Le proverbe liégeois était différent : Liège, à l'entendre, était le *paradis des prêtres, l'enfer des femmes, le purgatoire des hommes*. Voir *Variétés historiques et littéraires*, t. II, p. 284.

divertir, pour parler, et faire l'amour : et on voit quelquefois des hommes qui y entrent avec des bottes [1], sans se souvenir du respect qu'ont les Mahométans, qui avant d'entrer dans leurs mosquées laissent leurs souliers à la porte.

50. Quoi qu'on vive long-tems ici, cependant on n'y voit presque point de vieillards, les hommes n'y portent point de barbe, ni leurs propres cheveux, et ils couvrent avec beaucoup de soin les défauts des années avec les cheveux d'autrui, qui leur donnent une perpétuelle jeunesse. Depuis que la perruque a été reçuë [2], les têtes des morts et celles des femmes se vendent cher, étant la mode que les sépulcres et les femmes fournissent le plus bel ornement à la tête des hommes.

51. Tout le monde s'habille avec beaucoup de propreté : les rubans, les miroirs et les dentelles sont trois choses sans lesquelles les François ne peuvent pas vivre. L'or et l'argent est devenu si commun, comme j'ai déjà dit, qu'il brille sur les habits de toutes sortes de personnes, et le luxe démesuré a confondu le maître avec le valet, et les gens de la lie du peuple avec les personnes les plus élevées. Tout le monde porte l'épée [3], ce qui les rend tous soldats, et

1. Ce qu'on ne se permet pas quand on va dans un salon.

2. Saint-Evremond, qui avait voulu toujours garder ses cheveux blancs, pouvait se moquer de ses contemporains qui portaient perruque.

3. Malgré de nombreuses ordonnances.

Paris ressemble à l'*Eutopie* de Thomas Morus[1], où l'on ne distinguoit personne.

52. C'est ici le Païs du plaisir, les amans ne soupirent guères, la jalousie ne tourmente personne, les soldats françois vont à la mort par divertissement, et les affligez ne paroissent pas en public. Il y a des musiciens en si grand nombre, qu'en commençant depuis la plus grande dame jusqu'à la plus vile servante, et depuis le plus noble cavalier jusqu'au dernier laquais, chacun sacrifie à Orphée, c'est-à-dire que chacun chante, et plus dans les places publiques et dans les jardins que dans les maisons particulières ; les François se moquant du philosophe qui remarque dans la politique que les poëtes n'ont jamais fait chanter Jupiter, comme si le chant était indigne d'un Dieu.

53. Comme tout est cher à Paris, il n'y a pas jusqu'aux morts qui ne payent un droit pour obtenir la sépulture ; ainsi un homme qui se meurt est moins embarrassé de mourir que de payer le médecin qui le tuë et le curé qui l'enterre[2].

54. Les gens de lettres sont ici en aussi grand nombre que les ignorans à Constantinople : il y a plusieurs Académies où les honnêtes gens vont discourir ; les deux plus fameuses sont *celle de la langue françoise et celle des sciences.* La dernière est composée de

1. More (Thomas), en latin *Morus,* grand chancelier d'Angleterre, a laissé plusieurs ouvrages dont le plus connu est son *Utopie,* intitulée *De optimo reipublicæ statu, deque nova insula Utopiæ.*

2. « Ce n'est pas assez, disait un avare, de perdre ses parents, il faut encore payer pour les enterrer et en hériter. »

plusieurs philosophes plus éclairez que les anciens, et qui découvrent tous les jours de nouveaux mystères dans la nature. Et l'autre est une compagnie d'esprits sublimes, qui apprennent les beautés de la langue aux François, et qui ont rendu la nation la plus éloquente de l'univers; l'Université est aussi une académie célèbre, où l'on exerce les jeunes gens dans les principes des choses naturelles; et la Sorbonne, un Séminaire fameux, où la théologie enseigne à parler des mystères de la religion; et c'est de là que sont sortis les premiers hommes de l'Europe, pour la science et pour la vertu.

55. J'ai oüi dire que les alchimistes sont ici en aussi grand nombre que les cuisiniers; mais ils ne tirent de leur art que des connoissances inutiles. On en compte cinq à six mille, qui seront assez malheureux pour ne recevoir de leurs travaux et de leur assiduité, que de la fumée: récompense ordinaire que donne à ses adhérans un art riche en espérances, libéral en promesses, et ingénieux pour la peine et pour la fatigue, dont le commencement est de mentir, le milieu de travailler et la fin de demander l'aumône.

56. Les libraires et les imprimeurs tiennent le premier rang parmi les arts mécaniques; il n'y a pas une ville au monde où l'on voye plus de livres nouveaux, et où la difficulté de faire imprimer soit plus grande. Plusieurs personnes écrivent sur des matières nobles et curieuses, mais ils sont presque tous pauvres. La morale est principalement du goût des François, on en écrit avec beaucoup de délicatesse; on traduit et

on imprime aussi plusieurs livres grecs et latins, italiens et espagnols. Marque certaine de la pauvreté des auteurs, de la richesse des libraires, et du grand fruit que produisent les applications des gens de lettres. Les libraires s'enrichissent sans entendre les livres qu'ils vendent, et c'est d'eux que Quévedo [1] dit « *qu'ils sont tourmentez en l'autre monde pour les œuvres d'autrui.* »

57. On trouve à Paris tout ce qu'on peut demander, et on le trouve sur-le-champ. Et le monde ne fournit aucune invention pour goûter tous les plaisirs de la vie que l'on ne mette en usage. Les péripatéticiens et les stoïciens n'ont jamais tant travaillé pour réformer les mœurs, que les cuisiniers travaillent pour satisfaire le ventre. Toûjours sauces nouvelles, et ragoûts inconnus; et les François fatiguez de se nourrir de viandes ordinaires, ont trouvé le moyen d'amollir les os décharnés des animaux, et d'en faire des mets délicieux [2]. On vit chèrement ici, le pain est bon, il est blanc, bien fait, et un seul pain est quelquefois si grand, qu'il suffit pour rassasier une famille entière pendant plusieurs jours, ce qui a fait

---

1. Quevedo y Villegas (1580-1645), satirique espagnol.

2. Il y a ici une allusion au *digesteur,* ou marmite inventée par Papin, employée à extraire par la vapeur à une haute pression la partie gélatineuse des os. Il en donna la description dans son ouvrage qui parut à Londres (1681) in-4°, et qui fut traduit en français sous ce titre : *La manière d'amollir les os et de faire cuire toutes sortes de viandes en fort peu de temps et à peu de frais.* Paris (1682), in-12. Vers 1828, la marmite de Papin, perfectionnée par M. Lamare, devint la *marmite autoclave.*

dire à un plaisant que si cette manière de faire de grands pains eût été dans la Judée au tems du Messie, les cinq mille Juifs qui furent rassasiez se seroient plutôt étonnez du four que du miracle [1].

58. Cependant quoi qu'on soit dans une ville si abondante, qui n'a rien, n'a rien, c'est-à-dire que l'eau et le feu sont interdits à ceux qui n'ont point d'argent, comme ils l'étoient aux criminels du tems des Romains. Je ne pense pas qu'il y ait au monde un enfer plus terrible que d'être pauvre à Paris, et de se voir continuellement au milieu de tous les plaisirs sans en pouvoir goûter aucun. Parmi cette grande abondance on trouve une infinité de misérables qui demandent l'aumône d'un ton comme s'ils chantoient; on les voit gelez de froid en hyver; et au printems ils présentent des fleurs pour exciter la compassion.

59. On ne croit ici ni aux enchantements, ni aux sorciers, et rarement aux possédez. L'adultère y passe pour une galanterie, même dans l'esprit des maris, qui voyent tranquilement faire l'amour à leurs femmes, et ils ont raison. C'est une grande folie de nos jaloux Italiens, de planter l'honneur dans un endroit si fragile.

60. On vend toutes sortes de choses, excepté l'art de taire un secret; les François disent que c'est la profession d'un confesseur, et que pour eux ils taisent que les choses indiférentes qu'on ne leur

1. Les pains alors étaient presque tous ronds, de pâte ferme et fort grands. Le Sicilien s'étonne de ces pains énormes, et il en parle avec une exagération amusante.

confie point, et dont ils ne sentent aucune déman-
geaison de parler.

61. La civilité est plus étudiée en France que dans
le royaume de la Chine, on la pratique avec beaucoup
d'agrément parmi les personnes de qualité; les bourgeois y mêlent de l'affectation et le peuple s'en acquite
grossièrement, chacun en fait un art à sa mode ; on
trouve des maîtres qui montrent les cérémonies ; et
ces jours passez je rencontrai dans la rüe une femme
assez bien fa te, qui m'offrit de me vendre des complimens, et de me les donner à bon marché. Cette
femme va dans les maisons, elle y déployé sa marchandise, et gagne de quoi vivre.

62. On aime les Étrangers, ils y viennent de tous
les endroits du monde pour voir le Roi, qui est un
Prince très bien fait et très accompli [1]. Ils joüissent
en même tems de tous les plaisirs qui peuvent flatter
les sens, excepté l'odorat; comme le Roi n'aime pas
les senteurs [2], tout le monde se fait une nécessité de
les haïr, les Dames affectent de s'évanoüir à la vûë

[1]. Le roi Soleil pourtant était alors bien près de son déclin.

[2]. Louis XIV n'aimait pas les odeurs et ne pouvait supporter
que les plus douces, encore en faisait-il assez peu d'usage, au
grand étonnement du Sicilien. Il suffisait de papiers trop parfu-
més pour lui porter à la tête, comme le marque le *Journal de la
Santé*. Plus jeune, il veillait lui-même à la confection des
odeurs dont il voulait faire usage. C'est le gantier Martial, valet
de chambre de Monsieur, que l'on connaît par la grotesque con-
fusion que la comtesse d'Escarbagnas fait de lui avec le poëte
Martial, qui les composait devant lui : « Le plus grand des
monarques, dit l'avertissement du *Parfumeur françois*, s'est plu
à voir souvent le sieur Martial composer dans son cabinet les
odeurs qu'il portoit sur sa sacrée personne. »

d'une fleur. Ainsi les personnes les plus délicates refusent de se satisfaire dans les odeurs [1], que nous autres Italiens aimons si parfaitement, et que les Espagnols et toutes les nations de l'Asie estiment si précieuses. Aussi privez de ce plaisir, nous sommes continuellement engloutis de la mauvaise odeur des ruës, et de la puanteur des cloaques, qui pourroient porter *le navire* de Ptolémée [2].

1. Beaucoup de ces messieurs sont sujets aux vapeurs;
Ils ne peuvent souffrir l'odeur même des fleurs,
Et dans les jours pour eux destinés aux ruelles,
Les dames prennent soin qu'il n'en soit pas chez elles.
Satyres nouvelles sur les Promenades. 1699.

2. Le nombre des fontaines avait été augmenté dans la ville, mais l'eau ne circulait pas dans les rues, qu'on ne balayait pas régulièrement; les eaux ménagères et les eaux de pluie formaient de la boue et des cloaques, le pavé n'était ni régulier ni bien entretenu, l'administration faisait des ordonnances, mais elles n'étaient pas toujours observées. Après un orage on aurait pu par courir certaines rues en bateau, le ruisseau étant au milieu

Pour traverser la rue, au milieu de l'orage,
Un ais sur deux pavés forme un étroit passage;
Le plus hardi laquais n'y marche qu'en tremblant;
Il faut pourtant passer sur ce pont chancelant;
Et les nombreux torrents qui tombent des gouttières
Grossissant les ruisseaux en ont fait des rivières.
BOILEAU, *Sat.* VI.

Dans les endroits de la ville les plus passagers et les plus larges on tenait en réserve des tréteaux et des planches qui formaient un pont volant destiné à faire communiquer les deux côtés de la rue. Le besoin avait donné naissance à une industrie tout à fait éphémère; il y avait des gens du peuple qui traversaient sur leur dos les bourgeois qui ne voulaient pas risquer de se mouiller. On connaît le tableau de Garnier: *Le passage du ruisseau un jour d'orage,* représentant un artisan faisant l'office de saint Christophe et ayant sur son dos une élégante, tandis que son bichon s'arrête sur le bord de l'eau pour en sonder la profondeur.

63. On a plusieurs maîtres qui enseignent les Langues étrangères. L'Italienne et l'Espagnole sont plus à la mode que les autres, et elles ont des sectateurs. Les Dames sur-tout, curieuses d'entendre ces deux Langues et de les parler, n'épargnent pas leurs peines, et elles réüssissent. Les histoires du temps et les grands évènements du monde sont ici écrits avec beaucoup de délicateese ; on représente aussi sur les Almanachs [2] toutes les batailles et les prises de Villes, et toutes les actions considérables qui se passent sur la Mer et sur la Terre, et l'on a soin d'embellir la représentation de plusieurs devises et de figures agréables [1].

64. On tient tous les ans en Carême une Foire fameuse, appelée la *Foire Saint-Germain* [2] ; c'est dans un grand lieu tout rempli d' ʽboutiques, où une infinité de marchands étalent toutes les marchandises les plus belles et les plus riches qu'on fasse dans cette grande Ville. On y trouve aussi de toutes sortes de liqueurs, de vins et de confitures, et l'on y vend de toutes sortes de meubles précieux. Toute la Ville y va, mais bien plûtôt pour se divertir que pour acheter. Les amans les plus rusez, les filles les plus jolies et les filoux les plus adroits y font une foule continuelle ;

---

1. Les almanachs historiés de cette époque étaient des monuments, des galeries de portraits, longtemps négligés et devenus très rares ; ils sont précieux par les renseignements iconographiques et historiques qu'ils renferment.

2. Scarron a donné la Foire Saint-Germain en vers burlesques ; de nos jours, M. Heulhard en a donné l'histoire vraie.

il n'y a larcin de cœur, ni larcin de bourse qu'on n'y fasse ; et comme l'affluence est toujours grande et continuelle, il y arrive des avantures assez singulières pour le vol et pour la galanterie [1]. Les bourses ont le même sort que les âmes de Pithagore ; elles passent de l'un à l'autre par une transmigration invisible. Autrefois le Roi y venoit, mais présentement il n'y vient plus ; le principal divertissement s'y fait la nuit, où une infinité de lumières rangées dans toutes les boutiques rendent la Foire plus brillante et plus magnifique, cachent plus facilement les défauts du visage des Dames et donnent à d'autres plaisirs un goût plus agréable et plus délicieux.

65. L'invention d'éclairer Paris pendant la nuit, par une infinité de lumières, mérite que les peuples les plus éloignez y viennent voir ce que les Grecs et les Romains n'ont jamais pensé pour la police de leurs Républiques : les lumières enfermées dans les fanaux de verre, suspendus en l'air et à une égale distance, sont dans un ordre admirable [2]. On les met

---

1. *Magnum latrocinium, magnum lenocinium,* disait le satirique latin.

2. Un arrêt du Conseil du 28 janvier 1668 avait ordonné le dénombrement des lanternes posées l'année précédente et mis la dépense à la charge des quartiers, comme pour le nettoiement des rues. Un édit de 1697 constate que de toutes les améliorations, aucune n'avait été plus utile et mieux appréciée. Les six mille cinq cents lanternes qui éclairaient Paris vers la fin du xviie siècle étaient garnies de chandelles ; la ville comptait alors cinq cent mille habitants. Le nombre des becs de gaz était, à la fin de 1863, de vingt-quatre mille huit cents pour une population de un million sept cent mille habitants.

toutes dans le même tems, et elles éclairent toute la nuit. Ce spectacle est si beau et si bien entendu, qu'Archimède même, s'il vivoit encore, n'y pourroit rien ajoûter de plus agréable et de plus utile [1]. Ces feux nocturnes font un bien extrême à tout le Peuple ; ils contribüent à la sûreté publique, aussi bien que plusieurs troupes de gens, les uns à pieds, et les autres à cheval, qui vont toute la nuit par la Ville pour empêcher les meurtres, les vols et les assassins, que l'on faisoit autrefois impunément à l'abri des ténèbres [2]. Ce qui rend Paris, si vous en ôtez le bruit épouvantable, la plus sûre et la plus délicieuse ville de l'Univers [3].

1. Louis XIV fit frapper, à l'occasion de cette innovation, une médaille avec cette légende :

SECURITAS ET NITOR.

2. « En 1667, le roi, dit Brossette, pourvut à la sûreté publique par l'établissement des lanternes, par le redoublement du guet et de la garde, par un règlement sur le port d'armes et contre les gens sans aveu, et par plusieurs autres sages ordonnances, dont l'exécution fut confiée à M. de la Reynie, lieutenant général de police. En peu de temps, la sûreté publique fut rétablie dans Paris. »

3. « D'où venait, se demande M. Louis Blanc (*Paris-Guide*), l'extrême tendresse de Montaigne pour Paris ? Montaigne, qui disait : Je l'aime tendrement jusque dans ses verrues et ses taches ? — Serait-ce qu'il peut y avoir pour les villes une beauté autre que celle qui consiste dans la splendeur des palais, la somptuosité des édifices, le luxe des établissements publics, la multiplicité des promenades, le nombre et la largeur des rues ? La vérité est qu'à toutes les périodes de son existence Paris a eu un charme indépendant de sa beauté extérieure. Pas d'époque où Paris n'ait été l'objet d'une admiration profonde, et, qu'on le remarque bien, toute morale. Ce n'est point par la beauté extérieure de Paris que Gibbon et Hume expliquent l'attachement que Paris leur inspira.

66. Je reviens au Jardin fameux des Tuilleries, dont la beauté charme jusqu'aux aveugles qui s'y vont promener tous les jours de l'Été[1]; comme il est fait pour le plaisir d'un grand peuple, l'art y a fait tous ses efforts pour le rendre digne d'une infinité de personnes considérables qui le fréquentent, d'un grand nombre de belles Dames qui l'embellissent[2], et d'une quantité extrême d'honnêtes gens qui s'y promenent toûjours. L'entrée en est interdite aux laquais[3] et à la canaille; il est très-spacieux, et quasi capable de contenir une grande partie du

Tous deux ils donnent pour raison de cet attachement l'inexprimable douceur de la vie intellectuelle dont on y jouit. »

1. L'hospice des Quinze-Vingts était près du jardin des Tuileries; les aveugles y venaient s'y promener, non admirer, comme semble vouloir le laisser supposer le malin Sicilien.

2. Dans les *Amusements sérieux et comiques* de Dufresny, le Siamois auquel il fait visiter Paris s'écrie, à la vue des charmantes promenades des Tuileries : « De ma vie, je n'ai vu une si belle volière, oh ! la charmante espèce d'oiseau ! — Ce sont, lui répond son guide sur le même ton, des oiseaux amusants qui changent de plumage deux ou trois fois par jour. Volages d'inclination, faibles de nature, forts en ramage, ils ne voient le jour qu'au soleil couchant, marchant toujours élevés à un pied de terre, touchant les nues de leurs superbes huppes. En un mot, la plupart des femmes sont des paons dans les promenades, des pies-grièches dans la vie domestique, des colombes dans le tête-à-tête. Mais il y a diverses nations parmi ces promenades : la nation policée des femmes du monde, sauvage des provinciales, libre des coquettes, indomptable des fidèles, docile des infidèles, errantes des bohémiennes. » Il poursuit ainsi : « Nous avons à Paris deux sortes de promenades; dans les unes on va pour voir et être vu; dans les autres pour ne voir ni être vu de personne. Les dames qui ont l'inclination solitaire cherchent volontiers les routes écartées du bois de Boulogne, où elles se servent mutuellement de guide pour s'égarer. »

3. Voir, à ce sujet, la note 1, p. 33.

peuple, s'il y venoit en même tems ; situé sur le
bord de la Seine, et la vûë de cette rivière, des collines et des campagnes voisines, augmente sa beauté
et ses agrémens. Les grandes allées couvertes d'une
infinité d'arbres, qui ne produisent que de l'ombre,
convient les personnes de s'y promener, et quand on
est fatigué, on trouve plusieurs sièges dans tous les
endroits pour s'assoir, et des théâtres, des labirintes
et des tapis d'herbes fraîches pour se retirer comme
dans une agréable solitude. On voit là, étalé dans les
habits, tout ce que le luxe peut inventer de plus
tendre et de plus touchant. Les Dames, avec des
modes toûjours nouvelles, avec leurs ajustemens,
leurs rubans, leurs pierreries et les agréables manières de s'habiller, étalent dans les étofes d'or et
d'argent les aplications continuelles de leur magnificence. Les hommes, de leur côté, aussi vains que
les femmes [2], avec leurs plumes et leurs perruques

1. Le jardin des Tuileries était le rendez-vous de l'élégance
parisienne, et Dorante pouvait dire à Cliton (*Le Menteur*, acte Ier,
scène Ire) :

> Mais puisque nous voici dedans les Tuileries,
> Le pays du beau monde et des galanteries,
> Dis-moi, me trouves-tu bien fait en cavalier ?...
> Mais laissons, cher amy, laissons ces momeries.
> Voici tout à propos l'heure des Thuileries.
> Entrons. D'autres objets vont s'offrir à nos yeux :
> Tout Paris à la fois se rassemble en ces lieux.

Tout Paris était déjà inventé au XVIIe siècle.

> Avançons Dorimant, jusqu'à la grande allée ;
> Nous allons y trouver marchandise mêlée.

blondes[1], y vont chercher à plaire et à prendre les cœurs ; mais souvent ils y sont pris eux-mêmes, car il n'y manque pas de Dianes qui charment des Endimions.

67. Dans ce lieu si agréable, on raille, on parle d'amour, de nouvelles, d'affaires et de guerre. On décide, on critique, on dispute, on se trompe les uns les autres, et avec cela tout le monde se divertit. On y voit au Printems plusieurs sortes de fleurs, et les rossignols en Été semblent y avoir choisi leur demeure ; avec leur voix sonore, ils y chantent leurs amours et leurs plaintes. On ne voit là aucun visage triste, on y est tranquile, éloigné du bruit, et on n'y entend aucun discours lamentable : et je crois que ce fut dans ce jardin charmant que se trouva Armide pour désarmer son Renaud et pour le mettre dans ses chaînes [2].

> Sous ce feuillage épais on voit tout à la fois,
> Et duchesse et grisette, et marquis et bourgeois.

Ainsi s'exprime la *Satyre des Promenades.*

1. Observe ce rieur à la perruque blonde,
   Qui rassemble sur lui les yeux de tout le monde ;
   C'est Ligdamis. Ah ciel ! les beaux traits ! le beau sang !
   Que ne se passe-t-il et de rouge et de blanc ?
     Satyre nouvelle sur les promenades du Cours la Reine.

Des Thuileries et de la Porte Saint-Bernard, pièce anonyme, publiée à Paris en 1699 avec permission, et reproduite par M. de Montaiglon dans l'*Annuaire de la Seine* de 1860. Avec les *Incroyables* du Directoire reparurent les perruques blondes.

2. Dans la *Satyre nouvelle des Promenades*, on trouve des

LE LOUVRE ET LES TUILERIES EN 1683

D'après Manesson-Mallet.

68. Ce beau lieu est entretenu aux dépens du Roi, et on n'oublie aucun soin pour le rendre agréable ; le Roi y a mis un Gouverneur avec beaucoup d'Officiers subalternes. Les portes en sont toujours gardées ; s'il y avoit une plus grande quantité d'eau[1] et quelques belles Statuës de marbre[2], les yeux y auroient plus de plaisir et n'auroient rien à souhaiter.

69. Je n'ai jamais vû tant d'Abbez, et qui portent plus volontiers l'habit court, le petit collet et la perruque blonde. En vérité, ils sont l'ornement de Paris et le refuge des Dames affligées ; comme ils ont l'esprit galant, leur conversation est plus agréable et plus souhaitée ; j'ai trouvé parmi eux les personnes les plus obligeantes, les plus civiles et les plus se-crètes. Il seroit à souhaiter que le grand nombre d'Abbez fût diminué, en retranchant de ce rang hono-

passages qui sont presque la traduction des pensées du Sicilien ; témoin le suivant :

— Je n'exagère point, et l'usage en décide,
Il n'est point de Renaud qui ne trouve une Armide.

1. Et si les prez avoient des fleurs,
Les fontaines un peu d'eau claire,
Et les poissons quelques étangs,
On en pourroit encore faire
Un joly clos avec le tems.

CLAUDE LE PETIT. *Paris ridicule.*

2. Il entrait dans le plan de Le Nôtre de disséminer des œuvres d'art dans le jardin des Tuileries ; Catherine de Médicis l'avait d'ailleurs précédé dans cette voie. On fit copier à Rome les meil-leures statues du Capitole. Notre Sicilien trouve qu'il n'y en a pas assez et semble dire qu'il n'y en a pas du tout.

rable tous ceux qui ont leurs Abbayes dans le concave de la Lune et dans les espaces imaginaires[1].

70. Quoique les hommes soient laborieux et ingénieux dans leur art, les femmes ne laissent pas de faire la moitié du travail, les plus belles gardent les boutiques pour y attirer les Marchands[2]; comme elles sont extrêmement ajustées, et qu'elles ont une voix et des paroles gracieuses, elles ne manquent jamais,

1. Quel abus! mais en vain tout le monde en murmure;
Un si vaste sujet a lassé la censure.
En vain, d'un roy pieux les ordres souverains
Proscrivent tous les jours les abbez libertins;
En vain, pour emporter ou mithre ou bénéfice,
De dévots aspirants on peuple Saint-Sulpice.
L'abus ne cesse point. Tel qui sort de ce lieu,
S'en va tromper le roy comme il a trompé Dieu.
A peine a-t-on quitté ces pieuses cellules
Où la plus sainte estude est l'estude des bulles,
Qu'on voit des cheveux plats sous le fer redressés,
Pour se dédommager des outrages passés,
Déployer leur orgueil avec plus de licence,
Et ne respirer plus que la poudre et l'essence.
Qu'y faire? C'est la mode, on n'en est plus surpris;
Le faste des abbés inonde tout Paris;
Le pauvre, gémissant de voir son héritage
Confondu dans un train et dans un attelage,
Contre cette injustice a beau se récrier
Et réclamer son bien qu'on veut s'approprier;
C'est un vol déguisé que la loi authorise,
Et que l'on aime assez pour ne pas lâcher prise.
Mais mon zèle trop loin m'emporte malgré moy,
J'en dis peut-être trop et plus que je ne doy.
Je vois à quel péril ma censure m'expose.
Offenser telles gens, ce n'est pas peu de chose;
Je pourrais payer cher un langage indiscret;
Modérons notre fiel ou changeons de sujet.

2. Les chalands, les acheteurs.

comme j'ai déjà dit, de tirer tout nôtre argent, quoi qu'on n'ait aucune envie d'acheter.

71. On trouve sur le Pont-Neuf[1] une infinité de gens qui donnent des billets, les uns remettent les dents tombées, et les autres font des yeux de cristal ; il y en a qui guérissent des maux incurables ; celui-ci prétend avoir découvert la vertu cáchée de quelques pierres en poudre pour blanchir et pour embellir le visage. Celui-là assûre qu'il rajeunit les vieillards ; il s'en trouve qui chassent les rides du front et des yeux, qui font des jambes de bois pour réparer la violence des bombes : enfin tout le monde a une aplication au travail, si forte et si continuelle, que le diable ne peut tenter personne que les fêtes et les dimanches.

72. Comme les François ont trouvé le secret des peaux impénétrables, ils se moquent présentement des naufrages ; le tems est venu de marcher sur la mer et sur les fleuves avec sûreté, et sans se servir du manteau d'Élie. Un homme vêtu de ces peaux est porté sur l'eau sans se moüiller, et on voit si souvent cette expérience sur la rivière, qu'on n'y fait plus d'attention[2].

---

1. Le pont Neuf était alors l'endroit le plus fréquenté de la ville. Pour les détails, voir Éd. Fournier, *Histoire du pont Neuf,* 2 vol. in-12.

2. Même de nos jours, de pareilles épreuves ne sont ni auss fréquentes ni aussi populaires. Richelet a constaté l'une des plus sérieuses. Dans la première édition de son Dictionnaire (1685), il dit au mot *Lanquerre :* « C'est une peau en forme de gros et de

73. Voulez-vous être homme de bien à Paris pendant six mois seulement, et après vivre en scélérat, changez de quartier et personne ne vous connoîtra ; voulez-vous y vivre inconnu toute votre vie, allez loger dans une maison où il y ait huit ou dix familles, celui qui demeurera le plus près de vous, sera le dernier à sçavoir qui vous êtes. Vous prend-il envie d'être aujourd'hui tout couvert d'or, et demain

large bourrelet qui se met au-dessus des reins en forme de ceinture et qui soutient un homme sur l'eau. La *Lanquerre* a été inventée depuis peu, et on en a vu paraître l'effet aux yeux de tout Paris, — le tout Paris de Louis XIV, — le 14 septembre 1677. »

L'inventeur donna son nom à l'appareil imperméable qu'il avait trouvé. Voici le titre du livre très rare qu'il publia sur ce sujet : *Le naufrage sans péril ou l'invention d'une machine qu'on peut porter à la poche, qui nous fait passer les rivières tous vestus et être plusieurs jours sur la mer sans aucun peril pour notre vie et sans mouiller nos armes et nos habits*, par M. Richard Lanquer, *gentilhomme d'Amiens en Picardie, capitaine de cavalerie, entretenu, en temps de paix et en temps de guerre, par le roy de Portugal, et Chevalier de l'ordre du Christ. A Paris, 1675, in-8o.*

Mais, comme tant d'autres *inventions modernes*, telles que les bateaux cuirassés, les armes rayées, le revolver, etc., le scaphandre n'est que la résurrection d'inventions anciennes, du Vieux-neuf : c'est ainsi que l'on trouve dans le manuscrit n° 1914 du fonds Saint-Germain français de la Bibliothèque nationale, le curieux dessin d'un fantassin du XIVe siècle, armé de pied en cap, qui se soutient sur l'eau au moyen d'un sac de cuir plein d'air attaché autour de son corps ; il passe à gué une rivière ayant de l'eau jusqu'à mi-corps, ses pieds sont chaussés de patins, et il tient à la main une espèce d'oriflamme horizontale à deux pointes, ayant auprès de la hampe trois fleurs de lis. « Le sac s'emplit, dit la note jointe au dessin, par ce tuyau de bois qui est bouché d'un petit liège, et celui qui se sert de cette machine l'entretient avec la bouche. Les semelles qu'il a aux pieds lui aident à nager ; cela est propre à passer une rivière ou le fossé d'une place. »

habillé de bure, personne n'y prendra garde, et vous pouvez marcher par la ville vêtu en prince ou en faquin.

74. J'ai vu un dimanche dans une seule paroisse faire soixante-cinq mariages[1]. On dit qu'il y a ici jusqu'à quatre mille vendeurs d'huîtres[2]; que l'on y mange chaque jour quinze cens gros bœufs[3], et plus de seize mille moutons, veaux ou cochons, outre une prodigieuse quantité de volaille et de gibier[4]. Le

1. Jamais on n'a célébré de mariages à Paris le dimanche; il n'est pas croyable qu'on en ait béni soixante-cinq dans une seule paroisse, fût-ce à Saint-Eustache, réputée la plus populeuse.

2. *Le Livre commode* ne fait pas mention du commerce des huîtres; on en mangeait cependant à Paris, pas autant néanmoins que le rapporte l'auteur, sur un on-dit, il est vrai. « A quatre-vingt-huit ans, écrivait Saint-Evremond à un de ses amis, je mange des huîtres tous les matins; je dîne bien, je ne soupe pas mal; on fait des héros pour un moindre mérite que le mien. »

3. Lister, tout Anglais qu'il était, ne trouva pas, sauf sur un point, la viande de Paris mauvaise : « Le mouton et le bœuf, dit-il, sont bons, et valent à peu près les nôtres, sans les surpasser toutefois. Quant au veau, il n'en faut pas parler : il est rouge et grossier. Je ne pense pas d'ailleurs qu'il y ait pays, en Europe, où l'on réussisse pour cet élevage aussi bien qu'en Angleterre. » *Voyage à Paris en 1698*, ch. VI. Quoique inférieure, cette viande entrait pour beaucoup dans la consommation, que la *Lettre* du Sicilien évalue avec plus de fantaisie que de vérité.

4. « Les bestiaux arrivés en 1668, à destination de Paris, tant sur les anciens marchés qu'au marché central, dit M. Max. Du Camp (Paris, II, 76), forment des troupeaux près desquels ceux qu'Ulysse admirait dans l'île de Trinacria sont à peine dignes d'être mentionnés : 218,853 bœufs, vaches et taureaux, 201,562 veaux, 153,289 porcs, 1,308,312 moutons et 98 chèvres. Le total représente 1,682,114 animaux vendus et réservés à notre nourriture. » Il y a de l'écart entre ce chiffre et celui de 17,500 animaux de boucherie, consommés, dit-on, à Paris en 1692 « Le marché aux bœufs et aux moutons se tient à Sceaux, près Bourg-la-Reine, les

peuple dépasse un million chaque année pour se divertir au théâtre de musique, et aux deux théâtres de comédie [1].

75. On compte cinquante mille [2] maisons, dans chacune desquelles les familles sont si nombreuses, qu'elles logent depuis le grenier jusqu'à la cave ; on y compte aussi cinq cens grandes ruës, outre une infinité de petites, dix places, plusieurs marchez, dix

lundis et mardis ; et celui des veaux, à Paris, sur le port de la Grève, presque tous les jours et principalement le vendredi. » (*Livre commode*). « La consommation de la viande était telle, même à l'Hôtel-Dieu, qu'on y avait dressé un tourne-broche qui pouvait en faire rôtir 1,200 livres à la fois. » (*Inventaire des archives hospitalières*, Hôtel-Dieu, p. 00.) « En 1876, il a été vendu à Paris pour 2,543,092 fr. de poisson d'eau douce ; pour 18,884,960 fr. de poisson de mer ; pour 34,065,244 francs de beurre ; pour 20,417,163 francs d'œufs ; pour 4,174,015 francs de fromages ; pour 5,462,777 francs de fruits et légumes. Enfin, il est passé sur le carreau spécial 17,428,405 kilogrammes de volailles et gibier. » (*Comptes des recettes et dépenses de la ville de Paris pour 1876.*)

« Le marché de la volaille et du gibier, — dont la consommation était *prodigieuse*, comme le remarque la *Lettre*, — se tient sur le quai des Grands-Augustins presque tous les jours, mais principalement les mercredis et vendredis. » (*Livre commode.*) Il y avait pour ce marché des « jurés vendeurs et conducteurs de volailles » dont les jetons, — le Cabinet des médailles en possède un de 1709, — sont des plus curieux. Ils représentent, au revers, Adam et Eve entourés des animaux de la Création, et on y lit cette devise : *Proderit his pecus et volucer* (l'animal et l'oiseau leur servirent de nourriture). En 1694, on créa de nouveaux offices de vendeurs de veaux et de volailles, qui produisirent, avec ce que rapporte en même temps « le traité des eaux et fontaines », 4,536,400 livres. (Forbonnais, *Essai sur les Finances*, année 1694.)

1. Ce n'est pas trois, mais sept théâtres que Paris possédait à cette époque.

2. Il est difficile de contrôler ces assertions, auxquelles se mêle toujours un peu d'exagération ; la statistique, science toute moderne, n'existait pas encore.

sept portes[1], neuf ponts, avec autant de faubourgs, et plus de trente hôpitaux ; on y voit un grand nombre d'églises, de collèges, plusieurs belles bibliotéques publiques ou particulières et quantité de cabinets riches et curieux, ornez de médailles, de peintures, et remplis des plus belles raretez de l'Europe[2].

76. Ce n'est pas ici l'usage de rien prêter, et c'est quelquefois une forte injure d'offrir de l'argent et d'en emprunter : on n'offre jamais dans sa maison des logemens aux étrangers, ni même à ses amis.

77. Il y a dans chaque quartier une manière de juge qu'on nomme *commissaire*[3], qui décide sur le champ de certaines petites contestations, et qui empêche le bruit et les querelles.

1. « La ville est ronde et environnée de très anciens murs de pierre... Dans ces murs il y a actuellement quatorze belles portes ». Thomas Coryate. *Voyage à Paris* (1608). En 1692, Paris n'avait que six portes monumentales proprement dites : les portes Saint-Antoine, Saint-Bernard, Saint-Denis, Saint-Martin, de la Conférence, Saint-Honoré ; les anciennes portes de l'enceinte de Philippe-Auguste furent démolies de 1684 à 1686 par arrêt du Conseil ou par ordre des Prévôts des marchands et Échevins.

2. L'auteur est resté dans des généralités peu compromettantes. Voir, pour plus de détails sur ce sujet, le Voyage de Lister et notre édition de Marolles (t. III de la *Collection des anciennes descriptions de Paris*, ses *Mémoires*.

3. L'ordonnance de Henri III (1586) créa des commissaires examinateurs distincts des juges dans les tribunaux de police. Un seul commissaire par quartier ne fut bientôt plus suffisant ; on en établit deux et même trois pour le même quartier. « Quoique ces messieurs aient chacun un quartier affecté, ils chevauchent sur les quartiers les uns des autres, soit pour veiller à la police générale et à la sûreté publique. » Hurtaut, *Dictionnaire historique de la ville de Paris*

78. Ceux qui ne sont pas François, ne peuvent souffrir que les hommes se peignent publiquement dans les ruës[1], que les dames portent toujours un petit miroir à la main[2], et qu'elles aillent masquées toute l'année[3]. Les jeunes gens se divertissent à tous les exercices du corps, et surtout à la paume, dans un lieu fermé et couvert, les hommes âgez passent le tems aux dez, aux cartes, et à dire des nouvelles, et les dames joüent plus ordinairement que les hommes; elles font aussi quantité de visites, et sont assiduës à toutes les comédies[4].

1. Les petits-maîtres peignaient leurs perruques, comme leurs descendants de nos jours leurs moustaches et leur barbe en éventail.

2. Le miroir ne se montre plus, mais existe toujours, plus ou moins dissimulé.

3. Voir plus haut, n° 72, p. 57.

4. Les femmes de distinction, quand elles sortaient, portaient un masque de velours noir, comme nous l'avons observé plus haut, par une note sur le vers 322 de la Xe satire de Boileau.

> Un vieux masque pelé presque aussi hideux qu'elle,

nous apprend qu'il en était encore ainsi pendant sa jeunesse. On peut voir, sur cet usage, de longs détails dans le *Palais Mazarin* de M. A. de Laborde, p. 314, note 367. La Mijolette, est-il dit dans le bruit qui court de l'épousée (1614),

> La Mijolette a bonne grâce
> De maintenir par ses discours
> Qu'elle est première de sa race
> Qui a masque de velours.

C'était surtout la marque distinctive des femmes dont notre *espousée* veut singer les manières. « Que ne dirais-je pas des chirurgiens, ... lisons-nous dans la *Troisième aprés-disnée du Caquet de l'Accouchée* (1622). Quant à leurs filles, il ne leur manque que le masque qu'on ne les prenne pour damoiselles. »

79. Ce qu'on trouve ordinairement à Paris, sont quantité de paroles données qu'on ne tient point, de grâces reçûes qu'on se fait un plaisir d'oublier. Plusieurs foux dans les rues, et quelques-uns d'enfermez[1]; mais ce qu'on voit rarement c'est la modestie et la sagesse, ce sont des gens oisifs, des personnes sobres, et des hommes qui ayent vieilli. Il est très rare d'y trouver des timides et des scrupuleux : mais ce qu'on n'y voit jamais, et qu'on souhaiteroit avec plus d'ardeur, c'est le repos, le secret, et un ami véritable.

80. Au reste le chocolat, le thé et le caffé, sont extrêmement à la mode, mais le caffé[2] est préféré aux deux autres, comme un remède qu'on dit être souverain contre la tristesse : aussi dernièrement une dame aprenant que son mari avoit été tué dans une bataille : *Ah! malheureuse que je suis*, dit-elle, *vîte qu'on m'aporte du caffé*, et elle fut aussi-tôt consolée[3].

---

1.   Foulx de Paris sont si grand nombre
             Que aux autres foulx portent encombre.
Sermon des Foulx. Anc. théâtre français, t. 2, p. 215.

2. On prit pour la première fois du café à Venise en 1615, à Marseille en 1654. Le voyageur Thévenot l'apporta à Paris en 1657; mais ce fut l'ambassadeur ottoman Soliman-Aga qui le mit tout à fait à la mode en 1669. Les médecins dénoncèrent d'abord le café comme une boisson très dangereuse; Mme de Sévigné déclara que c'était une mode qui passerait : malgré ces autorités, le café est aujourd'hui d'un usage presque universel

3. Une anecdote cueillie dans les plates-bandes du *Figaro*, pour faire pendant à celle du Sicilien. Un Anglais racontait que pendant

81. Je ne sçavais ces jours passez, si on mangeroit encore du pain ; celui qui étoit allé pour en acheter, me vint dire que le pain tortillé que j'aimois, n'étoit plus à la mode[1]. C'est la mode qui est le véritable démon qui tourmente toûjours cette nation. Jusques-là qu'ils n'aiment plus les femmes comme ils faisoient autrefois, et les plus débordez regarderoient comme un crime l'attachement le plus tendre.

82. On a porté les cravates si courtes qu'à peine les voyoit-on, et à cette heure on les attache au col,

son séjour à Naples, étant en train de prendre le thé avec sa femme, par un soir d'orage, la foudre était entrée dans la chambre et que la pauvre dame avait été réduite en poussière. Ah ! mon Dieu ! s'écrie un des auditeurs, et qu'avez-vous fait ? qu'avez-vous dit ? L'Anglais froidement : « J'ai sonné et j'ai dit : John, balayez milady ! » C'est le comble du calme et de l'esprit d'ordre et de propreté.

1. L'usage du *pain tortillé* a dû être éphémère ; le *Livre commode* n'en fait pas mention. L'abbé de Marolles, dans sa traduction des *Quinze livres des Deipnosophistes* d'Athénée (*Paris*, 1688, in-4°), ouvrage où l'on ne s'attendait certes pas à trouver un pareil renseignement, parle (p. 39) d'une femme qui courait de son temps les rues de Paris en vendant du *pain mouton*, et qui s'était fait, pour le crier, « un air particulier ». Legrand d'Aussy (t. 1er, p. 88) nous apprend que c'était « une sorte de pain mollet, inventé vers le temps de la Fronde, dont la croûte, dorée avec des jaunes d'œufs, était en outre saupoudrée de quelques grains de blé. Celui-ci, dit *la Nouvelle Maison rustique*, n'était d'usage qu'à Paris. On n'y en faisait même, ajoute-t-elle, qu'à la nouvelle année, ou dans les grandes solennités ; et c'était un des petits présents que les domestiques donnaient en étrennes aux enfants des maisons où ils servaient ». Après avoir énuméré les différents pains en usage à Paris aux deux derniers siècles, Legrand d'Aussy ajoute (*loc. cit.*, p. 89): « la plupart de ces noms ne subsistent plus, parce qu'il en a succédé d'autres, et qu'à Paris tout est de mode. »

d'ou elles pendent comme des saucissons de Boulogne[1].
Les François ne portent plus d'épées, mais des cime-
terres[2]. Les chiens de Boulogne[3] passent présentement pour laids et insupportables et on ne caresse
plus que ceux qui ont le museau de loup et les
oreilles coupées, et plus ils sont difformes, plus ils
sont honorez de baisers et d'embrassemens.

1. C'est ainsi qu'on prononçait Bologne.

2. « Démêler actuellement les anciennes différences entre l'épée,
le sabre, le poignard, dit un spécialiste, — le *général Bardin*
(*Dictionnaire*), — est devenu aussi impossible que de déterminer
la signification de tous les synonymes dont il a été question dans
cet article. Si l'on ne modifiait l'acception du mot suivant l'écrivain par lequel il en a été fait mention et le temps où il écrit, on
concevrait mal le texte des récits. » Le cimeterre est un sabre à
lame recourbée. Ce passage est obscur, à moins qu'il ne soit fait
allusion à une mode qui aurait dû son origine à l'expédition de
Candie (1669), commandée par les ducs de Beaufort et de
Navailles.

3. « La demoiselle Guérin, rue du petit Bac, — on l'appelle
aujourd'hui, par inversion, petite rue du Bac, — fait commerce
de petits Chiens pour les Dames. » (*Livre commode*, t. Ier,
p. 273). C'est ainsi qu'on appelait les chiens de chambre ou de
manchon. Les plus à la mode, quoique déjà un peu en baisse,
étaient encore, à ce moment, les chiens de Bologne, sorte de car-
ins qu'on frottait, aussitôt nés, d'esprit de vin à toutes les join-
tures pour les empêcher de croître. Ils se vendaient quelquefois
fort cher. Tallemant des Réaux raconte qu'un extravagant d'Italien, nommé Promontorio, en offrit un à la princesse Marie de
Mantoue, pour cinquante pistoles à payer quand elle serait reine.
Elle accepta, et dix-huit mois après devint, contre toute apparence
jusque-là, reine de Pologne. On comprend qu'elle paya alors gaie-
ment les cinquante pistoles. L'espèce des chiens de Bologne s'est perdue, même à Bologne. Sur la fin du règne de Louis XIV, les chiens
Burgos commençaient à les remplacer. Ils préludaient à la mode
des chiens d'Espagne, ou épagneuls, qui date de la Régence. Entre
eux et les bolonais s'étaient un instant glissés les chiens loups,
dont il est fait mention dans ce passage de la *Lettre italienne*.

83. Les perruques ont aussi leur mode, on les faisoit à la Françoise, et maintenant on les porte à
l'Espagnole[1]. Les petites montres ont été recher-

1. Les faux cheveux commencèrent à être généralement employés
en France sous les règnes de Louis XIII et de Louis XIV; aux
époques antérieures, on se bornait à enduire de cheveux une calotte
de cuir appliquée sur la tête; puis on les attacha avec des réseaux
et on apprit enfin à les tresser. La laine des moutons servit aussi à
couvrir les têtes chauves : ces sortes de perruques se nommaient
moutonnes. On en fit aussi de fil de laiton extrêmement délié, qui
résistaient aux injures du temps. Mais rien n'égala en ce genre les
perruques du règne de Louis XIV. Comme tout était grand alors
on crut que les perruques devaient participer à la majesté du siècle;
et l'on ne vit rien de plus digne de respect et d'hommage qu'une
tête à grande perruque. On en fit qui couvraient la moitié du
corps; et cette invention parut si belle que toute la cour de
Louis XIV se fit tondre pour se charger la tête de cette crinière
de lion. D'abord on porta les perruques blondes, puis noires, puis
blanches. Les perruques blanches amenèrent naturellement la
poudre, car elles étaient chères, et la tête chauve des vieillards
fournissait peu de ressources aux perruquiers. « Le roi lui-même,
si absolu qu'il fût en toute chose, avait dû se soumettre, à certains égards, aux exigences de la mode. Il s'était prononcé avec
beaucoup de vivacité contre la poudre, mais on lui représenta que
l'usage de la poudre avait pour résultat d'égaliser tous les âges et
d'adoucir l'expression du visage que la perruque noire rendait dure
et sinistre. Louis XIV se laissa persuader, et finit par souffrir qu'on
poudrât ses perruques. Il n'en changea pas la forme cependant,
bien que les seigneurs de la cour eussent, à la faveur de la poudre,
inauguré différentes espèces de perruques : la *cavalière* pour la
campagne; la *financière* pour la ville; la *carrée*, l'*espagnole*, etc.
On porta même des perruques de crin, dont la frisure pouvait
braver toutes les intempéries de l'air. » P. Lacroix. XVIIIe *siècle*.
Nulle profession honnête ne put se passer de perruques. Le magis-
trat donna la préférence aux plus vastes; l'avocat, le procureur, ne
parurent plus au barrean qu'en perruques longues; le médecin ne
donna plus de consultations qu'en perruque; mais les médecins
la portaient nouée par derrière et à trois marteaux. Les petits-
maîtres se faisaient remarquer par le soin qu'ils prenaient de leur
tête : Harpagon parle de ces jeunes gens avec leurs trois brins de

chées, et elles sont aujourd'hui ridicules, et les plus grosses sont les plus à la mode [1]. J'ai même oüi dire

barbe relevés en barbe de chat, leurs perruques d'étoupe, leurs hauts-de-chausses tombants et leurs estomacs débraillés. *L'Avare* (acte III, scène v).

Au XVIIe siècle, la mode des perruques fut aussi répandue. Voici ce que nous lisons dans la *Correspondance secrète*, à la date du 30 octobre 1780 :

« La collection de ses perruques (il s'agit de M. de Sartines), tant in-folio qu'in-quarto, in-douze grand et petit format, les unes plus carrées que les autres, se monte à soixante ou quatre-vingts pièces du plus bel échantillon et du meilleur faiseur. » Avec un pareil grenier d'abondance, M. de Sartines n'avait plus, ce nous semble, à redouter d'en manquer jamais.

« Le sieur Pascal, au coin de la rue Guénégaud, est fort renommé pour les perruques. M. de la Rose, à l'entrée de la rue Saint-André, est fort renommé pour les perruques abbatiales ». *Livre commode*, édit. 1695. Voir, pour plus de détails, le curieux ouvrage de l'abbé J.-B. Thiers, *Histoire des perruques*, où l'on fait voir leur origine, leur usage, leur forme, l'abus et l'irrégularité de celles des ecclésiastiques. *Paris*, 1690, in-12.

La mode des perruques survécut aux orages révolutionnaires. Dans un tableau du monde parisien en 1798, on trouve les détails suivants sur le sujet qui nous occupe : « Mais je ne reconnais pas Thérésa ! s'écria Elise. Elle avait des cheveux noirs d'une aune de long ; à présent, elle a des cheveux d'un blond d'enfant, courts et frisés *en anneaux de Saturne.* » — Ingénue ! ignorez-vous que nous vivons sous le régime des perruques ? qu'il y en avait douze dans la corbeille de Mademoiselle Lepelletier de Saint-Fargeau et qu'il y en a trente dans le cabinet de toilette de la belle Lange, variant du cendré au doré. C'est Madame Tallien qui a mis cela à la mode. Quand elle était prisonnière aux Carmes, elle a coupé et tressé en cordons les beaux cheveux dont vous parlez, pour faire passer des lettres à Tallien qui attendait dans la cour. Le jour où il plaira à la merveilleuse de se montrer à Feydeau avec sa chevelure naturelle, toutes les perruques seront reléguées au grenier ». Mary Summer. *Les belles amies de Talleyrand. Paris, Calmann Lévy,* 1880.

1. Le *Livre commode* parle d'une « montre en pendule faite par Martinet, à boëtier d'or, sa chaîne de même avec son étuit de chagrin garni de cloux d'or, du prix de 15 louis d'or. » C'étaient

que l'on ne fait plus de compliments dans les lettres, mais que l'on introduit une nouvelle mode, qui est de cacheter, non plus d'un seul cachet, mais de trois de peur de blesser la civilité [1].

84. Mon cher ami, prions Dieu de tout notre cœur qu'il donne à cette brave nation l'esprit de paix, et que la fureur martiale qui l'agite toûjours, se change en une mode salutaire, qui fasse revenir le repos et la tranquilité dans toute l'Europe [2].

A Paris, le vingtième aoust 1692.

de petites horloges que l'on posait sur une chaise et que portait un page.

1. La poste exige bien que les lettres chargées soient fermées de cinq cachets.

2. Vœux impuissants; la paix de l'Europe devait encore être troublée et les dernières années de Louis XIV furent signalées par des revers et des désastres.

APPENDICE.

Tout le monde connaît le beau chapitre de *Notre-Dame de Paris*, intitulé : *Paris à vol d'oiseau ;* nous en extrayons le passage qui a trait aux cloches. Mais ce qu'on ne sait pas, c'est dans quelles circonstances il fut composé. Nous tenons le fait de l'un des témoins.

Par une belle matinée de mai, comme il s'en rencontre quelquefois sous le climat inconstant de Paris, quatre personnes, dont une dame avec son mari, se trouvaient réunies sur la terrasse de la tour septentrionale de Notre-Dame de Paris, considérant le magnifique panorama qui se développait sous leurs yeux. Unies par une grande conformité de goûts, d'études et d'opinions, ces personnes, jeunes encore, s'étaient fait une place marquée dans le mouvement littéraire, et pouvaient passer pour les chefs de l'école que l'on était convenu d'appeler « romantique ». L'une d'elles, qui paraissait l'aînée, plus par sa taille élancée que par son âge, expliquait à ses auditeurs attentifs, et particulièrement au plus petit de taille, qui pouvait passer pour son jeune frère, le magnifique tableau qui se déroulait sous leurs yeux : appuyés sur la balustrade en pierre de la vieille cathédrale, la Cité leur paraissait comme le vaisseau symbolique de l'antique Lutèce échouée au cours de l'eau; les maisons de la rive droite semblaient une immense fourmilière où s'agitaient bourgeois, marchands, ouvriers et valets, tandis que les églises et monastères de la rive gauche ressemblaient à des géants mystérieux montant l'allée et comme pressés de gravir la colline. Le bibliophile Jacob racontait comme il a toujours su le faire, surtout quand il parle de ce vieux Paris qu'il a toujours tant aimé, et l'auteur des *Burgraves*, qui avait déjà ébauché le canevas de son poème de *Notre-Dame de Paris*, recueillait les indications de son guide, et allait les traduire par ce beau chapitre qui a nom *Paris à vol d'oiseau*. Le troisième personnage était déjà un critique distingué; vous pourriez croire qu'il s'agit de G. Planche ou de Jules Janin : j'aime mieux vous dire que cet auditeur était Sainte-Beuve. Lui seul est mort. Les autres se rappellent-ils cette circonstance? Le poète, au moins; car le temps et les événements les ont séparés.

Tout à coup le bourdon se mit à tinter pour annoncer l'office, et les joyeux carillons des cloches voisines lui répondirent; ce fut comme une révélation pour le poète, qui s'en inspira pour composer ce morceau si plein de charme et de vérité, une de ses plus belles pages, *les Cloches*.

LES CLOCHES.

I vous voulez recevoir de la vieille ville une impression que la moderne ne saurait plus vous donner, montez, un matin de grande fête, au soleil levant de Pâques ou de la Pentecôte, montez sur quelque point élevé d'où vous dominiez la capitale entière; et assistez à l'éveil des carillons. Voyez, à un signal parti du ciel, car c'est le soleil qui le donne, ces mille églises tressaillir à la fois. Ce sont d'abord des tintements épars allant d'une église à l'autre, comme lorsque les musiciens s'avertissent qu'on va commencer. Puis, tout à coup, voyez, car il semble qu'en certains instants l'oreille aussi a sa vue, voyez s'élever au même moment de chaque clocher comme une colonne de bruit, comme une fumée d'harmonie. D'abord, la vibration de chaque cloche monte droite, pure, et pour ainsi dire isolée des autres, dans le ciel splendide du matin; puis, peu à peu, en grossissant, elles se fondent, elles se mêlent, elles s'effacent l'une dans l'autre, elles s'amalgament dans un magnifique concert. Ce n'est plus

qu'une masse de vibrations sonores qui se dégage sans
cesse des innombrables clochers, qui flotte, ondule,
bondit, tourbillonne sur la ville, et prolonge, bien au
delà de l'horizon, le cercle assourdissant de ces oscilla-
tions. Cependant cette mer d'harmonie n'est point un
chaos. Si grosse et si profonde qu'elle soit, elle n'a point
perdu sa transparence : vous y voyez serpenter à part
chaque groupe de notes qui s'échappe des sonneries.
Vous y pouvez suivre le dialogue, tour à tour grave et
criard, de la crécelle et du bourdon; vous y voyez sauter
les octaves d'un clocher à l'autre; vous les regardez
s'élancer ailées, légères et sifflantes de la cloche d'argent, tomber cassées et boiteuses de la cloche de bois;
vous admirez au milieu d'elles la riche gamme qui
descend et remonte sans cesse les sept cloches de Saint-
Eustache; vous voyez courir tout au travers des notes
claires et rapides qui font trois ou quatre zigzags lumi-
neux, et s'évanouissent comme des éclairs. Là-bas, c'est
l'abbaye Saint-Martin, chanteuse aigre et fêlée; ici, la
voix sinistre et bourrue de la Bastille; à l'autre bout,
la grosse tour du Louvre avec sa basse-taille. Le royal
carillon du Palais jette sans relâche de tous côtés des
trilles resplendissantes, sur lesquelles tombent à temps
égaux les lourdes coupetées du beffroi de Notre-Dame,
qui les font étinceler comme l'enclume sous le marteau.
Par intervalles, vous voyez passer des sons de toute
forme qui viennent de la triple volée de Saint-Germain-
des-Prés. Puis, encore, de temps en temps, cette masse
de bruits sublimes s'entr'ouvre et donne passage à la
strette de l'*Ave Maria*, qui éclate et pétille comme une
aigrette d'étoiles. Au-dessous, au plus profond du concert, vous distinguez confusément le chant intérieur
des églises qui transpire à travers les pores vivants de
leurs voûtes.—Certes, c'est là un opéra qui vaut la peine
d'être écouté. D'ordinaire, la rumeur qui s'échappe de

Paris le jour, c'est la ville qui parle; la nuit, c'est la ville qui respire : ici, c'est la ville qui chante. Prêtez donc l'oreille à ce *tutti* des clochers; répandez sur l'ensemble le murmure d'un demi-million d'hommes, la plainte éternelle du fleuve, les souffles raffinés du vent, le quatuor grave et lointain des quatre forêts disposées sur les collines de l'horizon comme d'immenses buffets d'orgue; éteignez-y, ainsi que dans une demi-teinte, tout ce que le carillon central aurait de trop rauque et de trop aigu, et dites si vous connaissez au monde quelque chose de plus riche, de plus joyeux, de plus doré, de plus éblouissant que ce tumulte de cloches et de sonneries; que cette fournaise de musique; que ces dix mille voix d'airain, chantant à la fois dans des flûtes de pierre hautes de trois cents pieds; que cette cité qui n'est plus qu'un orchestre; que cette symphonie qui fait le bruit d'une tempête.

VICTOR HUGO. *Notre-Dame de Paris.*
Liv. III, chap. II. — *Paris à vol d'oiseau.*

II.

LES CRIS DE PARIS.

Ce ne sera pas sortir de notre sujet que de donner ici les *Cris de Paris* à différentes époques; ces compositions permettront de saisir sur le vif la vie intellectuelle et morale de la grande ville, mieux qu'on ne peut le faire par la description de ses monuments.

Au moyen âge, tous les métiers ne fonctionnaient pas en boutique; une foule de petites industries s'exerçaient

dans la rue, une multitude de marchands ambulants
allaient, venaient, parcourant la ville dans tous les sens,
criant leurs denrées, annonçant celles des autres, et exer-
çant leur industrie à la porte des maisons, dont les habitants invoquaient leur concours pour des réparations
urgentes · meubles, vêtements ou ustensiles de ménage.
C'était la seule annonce de l'époque. Paris n'échappait
point à cette loi commune; bien au contraire, le chiffre
de ses habitants y multipliait les cris. On y criait l'eau,
le vin, comme les baptêmes, mariages et funérailles, les
ventes et locations de maisons, les réunions des confréries
aussi bien que les objets perdus et les enfants disparus ;
les crieurs formaient une corporation importante. Il est
assez difficile de préciser l'époque de cette institution à
Paris : on sait qu'en 1220 Philippe-Auguste avait cédé
le droit de nommer les crieurs de vin aux marchands
de la hanse ainsi que la perception, du droit de criage.
On trouve dans le *Livre des Métiers* d'Étienne Boileau
les statuts de cette corporation, qui fut réglementée
comme les autres sous saint Louis : « Les maîtres crieurs
nommés par l'administration municipale, dit M. Fran-
klin, devaient, moyennant vingt-quatre sous parisis par
année, remplacer nos journaux, nos annonces et nos
affiches [1]. » Chacun des six maîtres jurés-crieurs avait
sous ses ordres un certain nombre de crieurs, qu'ils en-
voyaient par la ville annoncer dans tous les carrefours,
outre les actes officiels, les réclames faites par les bourgeois et manants de la bonne ville de Paris. Les crieurs
de confréries, revêtus d'un costume spécial, hoqueton
brodé, armes de la corporation et effigie du patron,
étaient munis d'une sonnette comme les crieurs des
morts, portant des os en sautoir et une tête de mort

---

1. *Les rues et les cris de Paris au* xiii⁰ *siècle.* Paris Willem,
1874.

sur leur tunique noire, agitant leur clochette et annonçant de jour les décès, la nuit criant d'une voix lugubre : « Réveillez-vous, gens qui dormez ; priez Dieu pour les trépassés. » On les appelait plus particulièrement *clocheteurs* [1]. Lorsqu'un membre de la corporation des crieurs mourait, tous les maîtres assistaient à ses funérailles en costume de confrérie. Le corps était porté par quatre crieurs. Deux autres suivaient, chargés, l'un d'un beau hanap, vase à boire, l'autre d'un pot plein de vin. Le reste de la troupe marchait devant, ayant en main leurs sonnettes qu'ils agitaient tout le long de la route. Quand on était arrivé à un carrefour, le convoi s'arrêtait. Alors on posait le corps sur des tréteaux. Le crieur qui tenait le hanap le faisait remplir par celui qui portait le vin. Chacun des quatre porteurs buvait un coup. On en offrait autant à quiconque, passant ou spectateur, voulait l'accepter. Après quoi le cortège continuait sa route. Une ordonnance de Charles VI, en 1415, confirma l'usage de cette cérémonie, qui avait lieu également pour les femmes des crieurs. La même année, on ajouta aux fonctions de crieurs de vin celle d'annoncer les morts, les jours de confrérie, les enfants et animaux perdus, enfin les ventes de denrées, sauf celles de foins et de bois. Les crieurs obtinrent, par cette ordonnance, le privilège de fournir robes, manteaux et chaperons pour les funérailles. Une ordonnance de Louis XIV porte qu'ils « serviront seuls aux obsèques et funérailles en ladite ville et fauxbourgs. » On les appelait depuis longtemps maîtres jurés-crieurs de corps et de vin. Une gravure de Bonnart représentant un juré crieur de vins porte en légende :

---

1. Voir notre édition du *Calendrier des Confréries de Paris.* Paris, Willem, 1874.

Ce hérauld (*sic*) qui sonne et qui crie
Pour nous enseigner les bons vins,
De peur de gagner la pépie,
En boit souvent et des plus fins.

Leurs fonctions furent érigées en offices par lettres patentes de septembre 1741. A côté de ces crieurs officiels, un grand nombre de petits marchands animaient du matin au soir de leurs cris variés la vie des rues. Guillaume de Villeneuve, au XIIe siècle, composa sur cette multitude de cris un petit poème que nous publions plus loin, intitulé les *Crieries de Paris* [1] ; presque tous les métiers, presque toutes les petites industries y sont représentés. Pour l'intelligence du texte, parfois fort obscur, nous y joignons la traduction qu'en a donnée Crapelet à la suite de ses *Proverbes et dictons populaires*, en 1831. Ce petit monument littéraire, qui remonte à l'époque de la réglementation du cri parisien, a sa suite et son complément dans un opuscule populaire souvent réimprimé : *Les Cris de Paris que l'on entend journellement dans les rues de la ville* [2], *avec la chanson desdits cris* [3], *et les crys d'aucunes marchandises* [4]. *Les Cris de Paris*, comme les *Crieries* qui terminent ce volume, consacré à l'histoire des mœurs parisiennes du XVIIe siècle, n'appartiennent pas à cette époque par la date de ce vieux recueil en vers et en prose ; mais le XVIIe siècle s'était approprié en quelque sorte cette pièce du XVIe en la rajeunissant, en la modifiant et en l'augmentant. Nous savons aussi d'une manière irrécusable que les anciens cris de Paris s'étaient perpétués traditionnellement

1. Voyez appendice III.
2.   *Ibid.,*   IV.
3.   *Ibid.,*   V.
4.   *Ibid.,*   VI.

parmi le petit commerce des rues ; il ne serait pas impossible d'en retrouver des vestiges dans le langage de
nos petits marchands des quatre saisons. Nous reproduisons cette pièce telle que l'a donnée M. Paul Lacroix,
dans son *Paris ridicule et burlesque au* XVIIe *siècle*. « Nous
avons réimprimé ces *Cris de Paris*, dit le bibliophile
Jacob dans son Avertissement, d'après une édition de
Troyes très fautive, mais par cela même plus importante, puisqu'elle nous représente fidèlement l'état d'une
tradition orale qui s'était corrompue de bouche en
bouche. Cette édition des *Cris de Paris*, que nous avons
reproduite en la corrigeant quelquefois, bien entendu,
est une des innombrables impressions de Troyes, chez
Pierre Garnier, 1714, in-16 de 78 pages. Mais le même
recueil existe dans trois ou quatre éditions gothiques
que nous avons laissées de côté de propos délibéré, ces
éditions offrant des variantes considérables, qui caracté-
risent une époque de la tradition populaire. »

En reproduisant le poème de Guillaume de Villeneuve
et les *Cris de Paris*, nous n'avons eu qu'un but : faire
pénétrer plus avant le lecteur dans les mœurs du vieux
Paris ; nous avons négligé plusieurs opuscules qui ne
rentraient pas directement dans notre sujet, ni dans
l'époque à laquelle se rapporte la *Lettre d'un Sicilien*.
Nous avons été amené, par une critique que nous croyons
exagérée, à montrer que le sentiment de l'auteur est
aussi injuste que celui de Boileau ; on l'explique dans le
premier par le manque de connaissance de nos usages,
puisqu'on le suppose étranger ; dans le second, par son
caractère chagrin, suite de son tempérament mélanco-
lique; la satire en question, d'ailleurs, est plutôt imitée
d'Horace et de Juvénal que composée de sentiment et
prise sur le fait ; elles sont des œuvres particulières d'individus qui ont vu à leur point de vue restreint, égoïste
et personnel ce qu'il fallait voir de haut et de loin avec

le sentiment des services rendus à tous et à chacun et
non des inconvénients qui en peuvent résulter dans un
cas particulier : quand on est misanthrope à ce point
on se fait chartreux, on se retire au désert. Victor Hugo
a prouvé aux grincheux que les sonneries des cloches
avaient leur harmonie: s'il y eût pensé, il eût trouvé de
la poésie dans les cris de Paris; leur antiquité, leur per-
pétuité nous les rendent doublement chers ; nous avons
tenu à les mettre sous les yeux de nos lecteurs pour leur
rappeler les usages de nos pères, pour les leur faire aimer. Si nous avons atteint ce but, nous sommes sa-
tisfait.

Toutes les notes qui accompagnent les *Cris de Paris*
sont l'œuvre de M. Paul Lacroix ; celles qui sont suivies
des lettres A. B. sont de M. Alfred Bonnardot, enfin
elles émanent de l'éditeur quand elles sont signées V.D.

Avant de terminer ce long préambule, nous ferons remarquer que les *Cris de Paris* ont été l'objet d'un curieux
travail d'un musicien archéologue. Il mit en musique les
modulations plus ou moins mélodieuses par lesquelles
les petits industriels des rues annonçaient leurs produits,
modulations qu'ils se transmettaient par une tradition
constante pour les mêmes espèces de marchandises. Voici
le titre de cet ouvrage plus savant que pratique :

« *Les Voix de Paris*, essais d'une histoire littéraire et
musicale des cris populaires de la capitale, depuis le
moyen âge jusqu'à nos jours; précédée de considérations
sur l'origine et le caractère des cris en général et suivi
de *Les Cris de Paris*, grande symphonie humoristique,
vocale et instrumentale. Paris, Brandus, 1857, in-4°. »

Il y a longtemps déjà que ce sujet a tenté les musiciens. Sous François Ier, Clément Jannequin (Janequin
ou Jennekin), célèbre musicien du XVIe siècle, a voulu
traduire en musique les cris traditionnels de Paris, dont
l'origine se perd dans la nuit des temps : le rythme en

est toujours le même pour la même espèce de marchandise, mais les variantes en sont aussi nombreuses que les individus qui les emploient. Jannequin, d'après M. Kastner, n'a produit qu'un quatuor, tandis que cet auteur moderne a su tirer de ce thême, qui se prête si merveilleusement à l'harmonie, une symphonie.

Un autre musicien moderne, M. Mainher, dans les *Français peints par eux-mêmes*, a abordé ce sujet et a donné la notation des *Cris de Paris*. Peut-il affirmer qu'il a réussi à les comprendre, à les saisir, à les fixer sur le papier? Il en est un peu, en pareille matière, comme pour les ressemblances individuelles : l'imagination a une grande part dans l'impression éprouvée simultanément par des individus différents à propos d'un même objet. Kastner critique les mélopées de Jannequin; qui sait si ce dernier n'en ferait pas autant de la symphonie de son censeur? Les *Cris de Paris*, mis en musique par Jannequin, comme la *Farce nouvelle des cris de Paris*, Lyon, 1548, étaient appréciés de leur temps et ne seraient plus compris du nôtre; Mainher et Kastner ont travaillé pour leurs contemporains; ont-ils recueilli leurs applaudissements. Il est permis d'en douter. En fait, nous pouvons constater que les *Cris de Paris* disparaissent chaque jour au détriment du pittoresque, mais au profit de la tranquillité des bons bourgeois, dont les oreilles ne sont plus fatiguées par le concert plus ou moins harmonieux des *Crieries* du Paris moderne : les mille voix de la presse et les affiches de la réclame se sont substituées aux cris de Paris du moyen âge. Qui oserait affirmer que ce n'est pas un progrès réclamé par notre siècle fécond en découvertes : le siècle de la science et des lumières ?

III.

LES CRIERIES DE PARIS
AU XIIIe SIÈCLE.

par

GUILLAUME DE VILLENEUVE

Un noviau Dit ici nous trueve
Guillaume de la Vile-nueve
Puisque povretez le justice.
Or, vous dirai en quele guise
Et en quele manière vont
Cil qui denrées à vendre ont,
Et qui penssent de lor preu fère,
Que jà ne fineront de brère
Parmi Paris jusqu'à la nuit.
Ne cuidiez vous qu'il lor anuit,
Que jà ne seront à séjor ;
Oiez c'on crie au point du jor :
Seignor, quar vous alez baingnier,
Et estuver sanz délaier ;
Li baing sont chaut, c'est sanz mentir.
Puis après orrez retentir
De cels qui les frès harens crient;
Or au vivet li autre dient.
Sor et blanc, harenc frès poudré,
Harenc nostre vendre voudré.
Menuise vive orrez crier ;
Et puis alètes de la mer.
Oisons, pijons, et char salée,
Char fresche moult bien conraée,
Et de l'aillie à grant plenté.

Or au miel, Diex vous doinst santé !
Et puis après, pois chaus pilez,
Et fèves chaudes par delez.
Aus et oingnons à longue alaine.
Puis après cresson de fontaine,
Cerfeuil, porpié tout de venue,
Puis après porete menue,
Letues fresches demanois,
Vez ci bon cresson Orlenois.
Li autres crie par dalez :
J'ai bons mellans frès et salez.
L'aguille pour le viez fer ai,
Or ça bon marchié en ferai.
L'eve por pain, qui veut, si praingne
J'ai bon frommage de Champaingne,
Or i a frommage de Brie ;
Au burre frès n'oublie mie.
Or i a gruel et forment
Bien pilé et menuement ;
Farine pilée, farine.
Au lait, commère ; ça, voisine.
Cras pois i a, aoust des pesches.
Poires de Chaillou[1], et nois fresches ;
Primes ai pommes de rouviau[2],
Et d'Auvergne le blancduriau[3].
Al balais si com je l'enten.
L'autres crie qui veut le ten[4] ;
L'autres crie la busche bone
A ij oboles le vous done.
Huiles de nois, or au cerniaus.

1. Poires de Caillaux, en Bourgogne.
2. Pommes de Calville rouges.
3. Pommes de Calville blanches.
4. Mottes à brûler.

Vinaigre qui est bons et biaus,
Vinaigre de moutarde i a.
Diex! a il point de lie là?
J'ai cerises, or au verjus;
Or à la porée ça jus;
Or i a oés, or aus poriaus.
Chaus pastez i a, chaus gastiaus,
Or i a poisson de Bondies;
Chaudes oublées renforcies,
Galètes chaudes, es chaudez,
Roinssolles; ça dearées aus dez [1]
Cote et la chape par covent,
Clerc i son engané sovent.
Cote et sorcot rafeteroie,
Et le cuvier relieroie;
Huche et le banc sai bien refère,
Je sai moult bien que je sai fère.
J'ai joncheure de jagliaus [2],
Herbe fresche. Les viez housiaus,
Les sollers viez, et soir et main.
Aus Frères de Saint Jaque pain,
Pain por Dieu aus Frère Menors;
Cels tieng-je por bon prenéors.
Aus Frères de Saint Augustin.
Icil vont criant par matin:

---

1. Ces pâtisseries se jouaient aux dés. Le soir, les oublieurs criaient leurs marchandises, qu'ils portaient dans une corbeille recouverte d'une serviette blanche. Les écoliers qui avaient gagné ces corbeilles, dit Jean de Garlande, les suspendaient en guise de trophées à leurs fenêtres. « Precones nebularum et gafrarum pronuntiant se, nocte, nebulas et gafras et artocreas vendendas, in calatis velatis manutergio albo. Calati vero ad fenestras clericorum suspenduntur, perditi senione. » Jean de Garlande, *Dictionarius*, xxviii.

2. De glaïeul.

Du pain aus Sas [1], pain aus Barrez,
Aus povres prisons enserrez,
A cels du val des Escoliers.
Li i avant, li autre arriers,
Aus Frères des Pies demandent,
Et li croisié pas nes atandent,
A pain crier metent grant paine ; .
Et li avugle à haute alaine,
Du pain à cels de Champs porri,
Dont moult sovent, sachiez, me ri.
Les Bons Enfants orrez crier :
Du pain, nes vueil pas oublier.
Les Filles Dieu sèvent bien dire :
Du pain, por Jhésu nostre Sire.
Ça, du pain, por Dieu, aus Sachesses.
Par ces rues sont granz les presses,
Je vous di de ces genz menues.
Orrez crier parmi ces rues :
Menjue pain ! Diez, qui m'apele ?
Vien ca, vuide ceste escuele.
Or viengne avant gaaigne pain,
J'esclarciroie pos d'étain,
Je relieroi hanas.
Du poivre por le denier qu'as.
Or aus poivre de hastivel,
Jorroises ai à grant revel ;
Frès jonc à moult grant alenée.
Or ça, à la longue denrée.
Noël, Noël, à moult granz cris :
J'ai raïs de l'archaut, raïs.
Cil qui crie, biau se déporte :
Qui vent le viez fer, si l'aporte.
Li autres dit autres noveles :

1. Frères Sachets.

Qui veut viez pos et viez paieles?
Li autres crie à grant friçon,
Qui a mantel ne peliçon,
Si le m'aporte à rafetier.
Li autres crie son mestier.
Chandoile de coton, chandoile,
Qui plus art cler que nule estoile.
Aucune foiz, ce m'est avis,
Crie-on le ban le roi Loys.
Si crie l'en eu plusor leus,
Le bon vin fort à xxxii,
A xvj, à xij, à vj, à viij;
Moult mainent crieor grant bruit.
Crier orrez qui a à moudre?
J'aporte bones nois de coudre.
Les flaons chaus pas nes oublie.
J'ai chastaingnes de Lombardie,
Figues de Mélite sanz fin;
J'ai roisin d'outre mer [1], roisin.
J'ai poirées, et s'ai naviaus.
J'ai pois en cosse toz noviaus.
L'autre crie fèves novèles;
Si les mesure à escueles;
Hanni d'aoust flérant com bausme,
L'autre crie chaume, i a chaume.
J'ai jonc paré por metre en lampes,
Bones eschaloignes d'Estampes.
J'ai savon d'outre mer, savon.
Des poires de Saint Riule avon.
L'autre crie sanz délaier :
Je sers de pingues [à] resoier.
Quant mort i a homme ne fame,
Crier orrez : proiez por s'âme,

1. De Corinthe.

A la sonete par ces rues.
Dont orrez autres genz menues
Poires d'angoisse crier haut.
L'autres pommes rouges qui vaut.
Aiglentier por du pain l'en crie,
Verjus de grain à fère aillie;
Li uns borgons li autres veilles,
Cornilles meures, cornilles.
Alies i a d'aliïer,
Or i a boutons d'aiglentier,
Proneles de haie vendroie.
Oiselés por du pain donroie.
Nates i a, et naterons;
Cerciaus de bois vendre volons.
L'autre crie : gastiaus rastis,
Je les aporte toz fétis;
Chaudes tartes et siminiaus.
L'autres crie chapiaus, chapiaus.
Gastel à fève orroiz crier.
Charbon le sac por I. denier.
Nèfles méures ai à vendre.
Le soir orrez sanz plus atendre,
A haute voiz sanz délaier :
Diex ! qui apèle l'oubloier ?
Quant en aucun leu a perdu,
De crier n'este mie espardu,
Près de l'uis crie où a esté :
Aïde Diex de Maïsté !
Com de male eure je sui nez !
Com par sui or mal assènez !
Et autres choses assez crie,
Que raconter ne vous sai mie.
Tant y a danrées à vendre,
Tenir ne me puis de despendre;
Que se j'avoie grand avoir,

Et de chascun vousisse avoir
De son mestier une denrée,
Il auroit moult corte durée.
Tant poi i a mis que j'avoie,
Tant que povretez me mestroie.
Après mise ma robe jé,
Lécherie m'a desrobé ;
Si ne sai mès que devenir,
Ne quel chemin puisse tenir.
Fortune m'a mis en sa roë ;
Chascune me gabe et fet la moë ;
Si ferai, puis que sui en queche,
Du meillor fust que j'aurai fleche.

Expliciunt les Crieries de Paris.

TRADUCTION DE CE POÈME
DONNÉE PAR CRAPELET
Dans les *Proverbes et dictons populaires.*

Ce nouveau dit est de Guillaume de Villeneuve, que la pauvreté tourmente. Je vous dirai comment et de quelle manière font ceux qui ont des marchandises à vendre, et qui ne finissent pas de les crier pour en tirer profit. Ils ne se lassent pas de courir partout Paris jusqu'à la nuit sans se reposer. Ils commencent dès le point du jour : Seigneurs, hâtez-vous d'aller vous baigner ; les bains sont chauds, je vous l'assure ! Puis vous entendez retentir les cris de harengs frais ; d'autres crient à la vive[1] ; harengs saur et blanc, nouveau salé. Prenez de notre

1. Poisson de mer.

hareng. Puis menus vives, et alètes de mer[1]! On crie
oisons, pigeons; viande salée, viande fraîche et appétis-
sante; sauce à l'ail ou au miel, Dieu vous donne santé!
Puis pois chauds en purée, et tout à côté fèves chaudes; et
sans discontinuer aulx et oignons. D'un autre côté, cresson
de fontaine, cerfeuil, et puis pourpier; et encore petits
poireaux et laitues fraîches. Voici du bon cresson d'Or-
léans! Tout auprès, ceux-là crient : J'ai des merlans frais
et salés. J'ai des aiguilles à bon marché pour du vieux
fer. Qui veut de l'eau pour du pain? J'ai des bons
fromages de Champagne et de Brie; n'oubliez pas mon
beurre frais. Voici du bon gruau; farine fine, farine!
Au lait, la commère, la voisine! Pois gras (fricassés);
pêches mûres; poires de caillaux à cuire, noix fraîches!
Pommes de Calville rouge, Calville blanc d'Auvergne!
Balais, balais! Poussière de tan! Bonne bûche à deux
oboles! Huile de noix, et cerneaux! Bon vinaigre!
vinaigre à moutarde. Qui a de la lie de vin à vendre?
J'ai des cerises et du verjus! Achetez des herbes. Voici
des œufs et des poireaux. Pâtés chauds, gâteaux tout
chauds! Qui en veut? Poisson de Bondy[2]. Gauffres toutes
chaudes, galettes chaudes, échaudés; couennes de lard
grillées; petites marchandises à jouer aux dés. Veste et
manteaux à vendre; les clers si laissent souvant attraper!
Raccommodeur de veste et soubreveste! Bon racom-
modeur de cuvier, de huche et de bancs! Fleur d'iris
pour joncher (les rues)! Herbe fraîche! Et du matin au
soir, marchands de vieilles bottines, de vieux souliers.
Du pain pour les frères saint Jacques. Pour Dieu, du
pain aux Frères Mineurs (les Cordeliers); ce sont là de
de bons preneurs. Du pain aux Frères saint Augustin; aux

1. Oiseaux.
2. Des étangs de Bondy.

Frères Sachetins [1], aux Barrés, aux Carmes; aux pauvres prisonniers, à ceux du val des Écoliers; de tous côtés, pain pour les Frères Pies; et les Croisés (pour la Terre-Sainte) ne sont pas en retard. Les aveugles crient à perdre haleine, du pain pour ceux du Champ pourri [2]. Ceux-là m'amusent souvent. Les Bons Enfants crient aussi du pain. Les Filles-Dieu savent bien dire, du pain pour l'amour de Jésus, Notre-Seigneur. Pour Dieu, du pain aux Sœurs au sac. Les rues sont encombrées de cette gent; et à chaque pas on entend: Mendiant! Dieu qui m'appelle? Viens-çà, vide cette écuelle. Voici des gagne-deniers: qui a des pots d'étain à nettoyer? des hanaps [3] à raccommoder? Poivre pour un denier! J'ai poires de hâtiveau; j'ai des jorroises [4] à cœur joie, et du jonc frais tant qu'on en veut. Voici d'autres marchandises plus chères. Qui veut des Noëls [5], qui en veut? Fil d'archal, fil! Qui a du vieux fer à vendre, voilà le marchand! Vendez vos vieux pots, vos vieilles poëles, voilà le marchand! En voici qui crient: qui a des manteaux, des pelisses à raccommoder; gare le froid! D'autres: chandelle de coton, chandelle qui éclaire plus que les étoiles! Parfois on crie le ban du roi Louis [6]; et dans différents endroits le meilleur vin à trente-deux deniers, vin à seize, à douze, à huit, à six deniers! nombre de crieurs [7] vont s'écriant: qui veut moudre? J'apporte de

1. Frères au sac.

2. L'emplacement où furent établis les Quinze-Vingts s'appelait le *Champ pourri*.

3. Vase à boire, de la forme de nos verres à pied; il y en avait de diverses matières.

4. Fruit rouge, long et aigre, qui vient dans les haies et qu'on ne voit plus à Paris. Fruit de l'épine-vinette.

5. Petits livres de cantiques.

6. Pour fournir au roi hommes et argent.

7. Les meuniers et les fourniers parcouraient les rues en demandant qui avait du blé à moudre et du pain à cuire.

bonnes noisettes, du flan tout chaud! Châtaignes de Lombardie; figues de Malte, figues! Raisin de Damas, raisin! Poireaux, navets! Pois en cosse, tout nouveaux! Fèves nouvelles, à l'écuelle! Anis d'août qui embaume! Chaume, chaume! Mèche de jonc apprêtée pour les lampes [1], Bonnes échalotes d'Étampes! Savon d'outre-mer, savon! Poire de Saint-Riele! Voulez-vous des peignes à faire des réseaux? Maintenant vous entendez le sonneur qui court les rues en criant: priez pour l'âme du trépassé! Et les petits marchands de crier: Poires d'angoisse, bonnes pommes rouges! Églantier pour du pain qui en veut? Verjus en grain pour sauce! Champignons, champignons [2], cornouilles mûres, cornouilles! Alizes d'alizier, boutons d'églantier, prunes de haie à vendre! Qui veut des petits oiseaux pour du pain! Nattes et naterons, cercles de tonneaux! Voyez mes jolis gâteaux! Qui veut des tartes chaudes et des cheminaux? Chapeaux, chapeaux! gâteaux à la fève [3], gâteaux! Charbon au sac pour un denier! Nèfles mûres! Sur le soir commence à crier le marchand d'oublies: Voilà l'oublieur, qui l'appelle! Quand il a perdu en quelque endroit, il reste auprès de la porte en criant: Au secours, Dieu de majesté; Suis-je assez malheureux? A-t-on un sort plus contraire? Il y a bien d'autres cris que je ne saurais rapporter. Le nombre des marchandises à vendre est si considérable, que je ne puis m'empêcher de dépenser; et si j'en achetais seulement un échantillon de chaque espèce, quelle que fût ma fortune, elle y passerait bientôt. J'ai ainsi mangé le peu que j'avais, et la pauvreté me tourmente. J'ai vendu jusqu'à mes habits; la gour-

---

1. On se servait pour mèche de la moelle d'un petit jonc de bas prés, au lieu de coton, dont l'usage n'était pas encore très commun.

2. Borgons et veilles sont deux espèces de champignons de prés.

3. Gâteaux pour la fête des Rois.

mandise m'a dépouillé, et je ne sais plus que devenir,
ni où aller. Me voilà livré à la roue de la fortune.
Chacun me raille et me fait la mine; et puisque je suis
en quête, je ferai flèche du meilleur bois que je pourrai

IV.

LES CRIS DE PARIS[1]

QUE L'ON ENTEND JOURNELLEMENT DANS LES RUES DE CETTE VILLE (XVIᵉ SIÈCLE).

LA LAITIÈRE AU MATIN.

Au matin, pour commencement,
Je crie du lait pour les nourrices,

1. Il existe plusieurs suites gravées de ces marchands ambulants
de Paris, qui annonçaient par des cris modulés l'objet de leur
commerce. L'une des plus anciennes et des plus rares à l'état
complet se compose de quarante-trois sujets gravés à l'eau-forte
en 1640. On lit au bas de chaque pièce : P. B. sc. (peut-être
Pierre Brebiette). Je citerai encore les *Cris de Paris,* en soixante
sujets, dessinés par Bouchardon, de 1737 à 1743, et gravés par le
comte de Caylus. Il existe, je crois, d'autres recueils du même
genre gravés par Huquier fils, Duplessis-Bertaux, etc. On trouve
en outre, sur le même sujet, un grand nombre de pièces gravées
isolément par des artistes graveurs de diverses époques, notam-
ment par A. Bosse. (A. B.) — Quoique ces *Cris de Paris,* que
nous réimprimons d'après une mauvaise édition de Troyes, faite
à la fin du XVIIᵉ siècle, aient été composés et imprimés origi-
nairement vers le milieu du XVIᵉ siècle, nous ne doutons pas
qu'ils ne se fussent la plupart conservés à l'époque où la librairie
troyenne en publiait de nouvelles éditions, défigurées par les fautes
les plus grossières et soumises à des retouches inintelligentes. On
peut dire avec certitude que les Cris de Paris, en 1660, étaient
les mêmes qu'en 1560. Cet opuscule offre donc un véritable intérêt pour l'histoire des mœurs du vieux Paris.

Pour nourrir les petits enfants,
Disant : *Ça tost, le pot, nourrices !*

LE VEILLE DES ROIS.

Quand des rois approche la feste,
Sçachez à qui je m'embesogne ;
Je m'en vais crier : « des couronnes [1],
Pour mettre aux rois dessus leurs testes ! »

LE PATISSIER.

Et, moi, pour un tas de friands,
Pour Gauthier, Guillaume et Michaud,
Tous les matins je vais crians :
Échaudez, gasteaux, pastez chaud !

LE CROCHETEUR.

Je crie : Coterets, bourées, buches !
Aucune fois : *Fagots, ou falourdes !*
Quand vois que point on ne me huche,
Je dis : *Achetez femmes lourdes !*

---

1. Chez les anciens, ie *roi du festin* se couronnait de fleurs. Il paraît, d'après ce passage, que le *roi de la fève*, aux festins qui avaient lieu la veille des Rois, portait également une couronne qui rappelait ainsi un antique usage du paganisme. Dans la *Despense qui se fait par chacun an*, on trouve : « Dedans la ville de Paris, il faut des chapeaux de fleurs, bouquets et mays verds, tant pour nopces, que confrairies, baptesmes, images des églises, audiances de Parlement, Chambre des comptes, Chanceleries, généraux des aydes, requestes du Palais, le Trésor, Chastelet et autres juridictions estant dans l'enclos de Paris, et aussi pour festins et banquets qui se font en l'Université, en faisant les graduez et autrement, chascun an pour quinze mille escus et plus. »

L'OUBLIEUX[1].

Et, moi, qui suis oublieux,
Portant oublie à la saison,
Pas ne dois estre oublieux,
Car j'en suis, c'est bien la raison.

LE CHASTREUX[2].

Moi, chastreux, je ne crie guère :
Je ne veux que jouer promptement,
Car, de crier, ne m'en chaut guère ;
Je ne veux que mon instrument.

LES ALLUMETTES.

Pour quelque peine que j'y mette,
D'enrichir je n'ai pas appris.
J'ai beau crier : *Des allumettes !*
Car ils sont de trop petit prix.

LA MASSE TACHE[3].

A la masse tache !
A laver les bonnets gras,

1. Voyez dans le *Traité de la Police*, par de La Mare, les règlements sur les *oublayeurs*. Nos ancêtres étaient très friands d'oublies, et le métier d'oublieux est tout à fait tombé depuis qu'il n'est plus exercé que par les marchandes de plaisirs, qui crient : Voilà le plaisir, mesdames!

2. Nous avons vu encore sur le pont Neuf les écriteaux portant : *Un tel, coupe chats et chiens.* Le *châtreux* n'existe plus que dans les campagnes, où il exerce son industrie sur les ânes, les chevaux, les porcs et les coqs. Ce singulier artiste est mis en scène dans les *Cent Nouvelles nouvelles* de Louis XI.

3. Nous ne savons pas quel était ce savon à détacher, qu'on employait pour laver les bonnets gras.

A profiter volontiers tâche,
Et je n'en suis pas plus gras.

SABLON D'ESTAMPES.

Sablon d'Estampes, à la mesure!
Je vous en ferai bon marché :
Ça, femmes, de moi approchez ;
Venez en quérir pendant qu'il dure.

A. B. C.

Beaux A. B. C. en parchemin,
Le premier livre des docteurs!
Tandis que je suis en chemin,
A qui en vendrai-je un ou deux?

PIERRE NOIRE.

J'ai de la bonne pierre noire,
Pour pentoufles, souliers noircis!
Si j'avais vendu, j'irois boire ;
Je ne serois plus guère ici.

ESPICIER D'ENFER[1]

Nous n'avons que faire de cry,
Entre nous, espiciers d'enfer ;
Notre vue découvre le fait :
Nous le démonstrons par escrit.

SABLON A COUVRIR LE VIN.

Je suis un pauvre homme d'Ablon ;
Il y a longtemps que je viens

---

1. Le peuple avait sans doute baptisé ainsi les épiciers ambulants, parce qu'ils vendaient du poivre, du gingembre et autres épices qui brûlent le palais.

A Paris vendre mon sablon,
Qui sert à mettre sur les vins.

CHARBON DE BATTEAU.

Charbons de jeunes bois!
Il n'est qu'à trois sous le minot!
Il est en grève, en batteau :
Qui en voudra le vienne voir!

CHARBON DES CHAMPS.

Charbons de jeune bois!
J'en amenai encore hier.
Surtout ne crains que du gruyer[1]
Le rencontrer par où je vais.

DE LA CRAIE.

Charbons, charbons blancs!
Il y a beaucoup de personne :
La marchandise est belle et bonne;
Baille ma charge pour six blancs!

TERRE A LAVER.

Terre à laver! Pour déguiser,
Je la prends à la carrière.
Qui n'en voudra se retire en arrière;
Qui en voudra, j'en ai assez.

SEMELLES.

Semelles à mettre dans les bottes!
Elles sont bonnes pour la froidure.

---

1. Officier chargé de la police des forêts du Domaine du roi et
jugeant en première instance les délits qui s'y commettaient.

Prenez en doncques tant qu'il dure;
J'en ai ici de toutes sortes.

FINES AIGUILLES.

J'ai un cry qui est bien duisant [1]
Et est pour moi bien utile,
Amoureux et très plaisant,
Qu'il me fait vendre mes éguilles.

NAVETS.

Quand je fus marié, rien n'avois,
Mais, Dieu merci, j'en ai pour l'heure,
Que j'ai gagné à mes navets :
Qui veut vivre, il faut qu'il labeure [2]!

LE MERCIER.

Éguilles et longs lacets,
Et les beaux peignes de bouis!
Regardez-les; ils sont bien faits!
Achetez : voyez ce que c'est.

COUVERCLES A LESCIVES.

Beaux couvercles à lescives!
De les bien faire fais mon devoir;
Pour ce qui en voudra avoir,
Vienne après moi et me suive?

LE NATIER [3].

Ésnates, ésnates, torches à chaudières!

1. Qui plaît bien, agréable.
2. Pour : *laboure,* travaille.
3. Marchand de nattes de paille, de paillassons.

J'ai encore un beau bouclier [1],
Aujourd'hui je n'en vends guères,
Je n'en vendrai pas tant qu'hier.

LE TONNELIER.

Tinettes, tinettes, tinettes !
A beaucoup de gens sont propices,
Et si font beaucoup de services ;
Regardez : elles sont bien nettes.

LE RAMONEUR.

Ramonez vos cheminées,
Jeunes dames, du baut en bas [2] !
Faites-moi gagner ma journée,
A bien housser : je m'y esbas !

GOUPILLONS.

Assez en a qui pillerons,
Pour estre riche tout soudain :
J'aime mieux vendre goupillons,
Et laisser là l'honneur mondain.

HOUSSOIRS.

Depuis le matin jusqu'au soir,
Contre un bonjour, c'en est la guise,
Je vais crier des houssoirs,
Qui servent à housser le églises.

---

1. Paillasson de forme ronde.
2. Cette équivoque reparaît sans cesse, avec les ramoneurs, dans les ballets de cour dansés sous Louis XIII.

CHAUDRONNIER.

Chaudronnier, chaudronnier !
Je mets la pièce auprès du trou :
N'est-ce pas un joli tour?
Un mal fait ne peut se nier.

GENEVRE.

Bourrée de genevre je vends :
C'est du bois qui n'est pas commun;
Il est bon pour faire un parfum.
Si en voulez, je vous attends!

MANEQUINS[1].

Deux manequins pour un liard!
Ils servent bien à la maison :
Je les vends en toutes saisons,
Je vous les pluvis à fiat[2].

PEAUX DE LAPIN.

Soit par oui ou par nannin[3]
Quand je veux parler aux chambrières,
Je vais criant : *Peaux de lapin!*
A moi venir n'arrestez guères?

DE L'EAU.

Qui veut de l'eau? A chacun duyt.
C'est un des quatre élémens;

1. Petits paniers d'osier.
2. C'est-à-dire : Je vous les offre de confiance. *Fiat* signifie :
Fiez-vous-y; pluvis, ou plutôt *pludis* et *plevis* : garantis, cau-
tionnés.
3. Pour : *nenni*.

On n'en vend pas à un chacun ;
Parquoi je n'en vends pas souvent.

LA MORT AUX RATS.

La mort aux rats et aux souris !
C'est une invention nouvelle,
Qui est assez bonne et belle
Pour prendre les rats et les souris.

BALETS.

Quand hasard est sur les balets,
Dieu sçait comme je boy à plein pot ;
Il ne m'en chaut, soit beaux ou laids :
Si les vendrai-je à mon mot[1].

DU FIANT[2].

N'y a-t-il point de fiens ?
S'il vous plaist d'y regarder,
Ne me faites ici tarder :
J'en ai autrefois en céans.

FUZILS.

Qui veut acheter des fuzils,
Et bons trébuzets ? Je les vends !
Je viens en ce quartier souvent ;
Je les baille en sûreté, les bons fuzils ;
Nul ne s'en passe pour aujourd'hui,
Croyez-moi, car point je ne mens.

1. C'est-à-dire : au dernier mot, sans rabais.
2. Fumier.

A CURER LES PUITS.

A curer les puits!
C'est peu de pratique,
La gaigne est petite :
Plus gagner je ne puis.

COLPORTEURS [1].

Pronostications nouvelles,
Beaux almanachs nouveaux !
Elles sont aussi bonnes et belles,
Que ceux de maistre Jean Thibault [2].

L'ESMOLEUR.

Argent m'y faut gagner petit :
Au métier n'y a pas grande ressource,
Et mon acquest est si petit,
Que je ne puis emplir ma bourse.

JE CRIE DES CORPS MORTS [3].

Or dites vos patre nostres,
Quand vous oyez que je sonne,
Pour honorable personne,
Qui a esté nostre frère.

1. Ces colporteurs de librairie se nommaient autrefois *bisouards*.

2. C'était un médecin, astrologue de François Ier, rival de Michel de Nostradamus, son contemporain. Nous connaissons de lui le *Trésor du remède préservatif et guérison de la peste* (Paris, 1544, in-4°). On réimprimait souvent au xvie siècle ses Prognostigations. Son nom était devenu proverbial. Voy., dans la *Bibliothèque française* de La Croix du Maine, l'article de Jean Thibault.

3. Les *crieurs de corps*, ou sonneurs des trépassés, étaient au nombre de vingt-quatre, dépendant du Châtelet de Paris.

CONFRAIRIE.

C'est à Marly le Chastel [1],
La confrairie saint Vigoût !
D'y aller chacun prenne goût ;
Les pardons sont à l'hôtel.

NOUVELLES.

Aucune bonne certaine nouvelle :
C'est une fille jeune et belle,
Qui n'a l'âge de quinze ans,
Qui s'est égarée en dansant.

DU VIN.

C'est le gentil vin vermeil,
Aussi du gentil vin blanc,
A l'enseigne du Barillet :
La pinte n'est qu'à deux blancs.

LES PRISONNIERS.

Aux prisonniers du palais [2] !
On dit : les mots ne sont pas laids.

1. Nous ignorons quelle est cette confrérie pieuse ; au reste, chaque corps de métier avait dans son sein deux ou trois confréries, dont le siège était non seulement dans les paroisses de Paris, mais encore dans les villages de la banlieue (P. L.). — Vigout est ici pour rimer avec goût. S. Vigor, évêque de Bayeux, était effectivement le patron de l'église de Marly-le-Châtel ; est-il cité ici par un jeu de mots fréquent à cette époque, Vigor patron des vigoureux, ou faut-il chercher une allusion à un trait d'histoire locale dont le souvenir ne s'est pas conservé ? (V. D.)

2. On quêtait dans les rues pour les pauvres prisonniers, qui attendaient ainsi de la charité publique leur pitance journalière.

Aux prisonniers du Chastelet !
Qui sont en un lieu ord et laid[1].

FOUARRE[2].

Fouarre, nouveau fouarre !
C'est un cry qui est tant commun,
Je viens à Paris à grand erre[3] !
Pour en vendre à un chacun.

LES MANDIANS[4].

Nous sommes quatre mandians,
Qui sont toûjours prêts pour prêcher,
Remontrant le vice et le péché,
Qui n'ont nos vies qu'en mandians.

DES SACS.

Des sacs ! c'est pour sacer :
De vendre j'ai bon appetit,
J'en ai de grands et de petits :
Qui en voudra j'en ai assez.

L'HERBE VERTE.

A ma belle herbe, à ma belle herbe !
Pour ce que c'est toute gayeté ;
Je ne la crie qu'en esté ;
A qui vendrais-je ma grosse herbe ?

1. Les prisons du Grand-Châtelet étaient les plus horribles de
toutes. Voy. l'*Histoire de Paris* de Dulaure, 2ᵉ édition, t. IV,
p. 312.
2. Pour : *feurre,* paille.
3. En grande hâte, grand train.
4. Ce sont les religieux des quatre Ordres mendiants, qui
allaient quêtant de porte en porte.

LES VERRES.

Gentils verres, verres jolis,
A deux liards les verres de bière!
Il me faut retourner grand erre,
En quérir dans mon logis.

ANIS.

Anis fleuri, mon bel anis!
Il est bon dedans la maison,
Quand il est cueilli dans la saison;
De bonne heure, s'en faut garnir.

LE SAVETIER.

Housse aux vieux souliers vieux!
Il est temps que je pense à boire
(Devant que plus avant je voise).
De bon vin, fût fort ou vieux.

VIEUX DRAPEAUX.

Le vieux fer, vieux drapeaux!
C'est la marchandise que j'assemble;
Si j'avais fait mon trousseau,
Nous en irons boire ensemble.

POUR LE CHEVAL.

Du foin, du foin, du foin!
C'est pour chevaux et mulets.
Je vous le dis, en vérité:
D'en manger ont toujours besoin.

SELLES DE BOIS.

A mes belles selles[1] *de bois !*
Ils duisent[2] en nouveau ménage.
Car il faut tant de bagage,
Qu'aucuns n'en ont pas pour s'asseoir.

MAILLETS.

A sçavoir fait à un chacun,
Que j'ai de bons maillets de bois,
Je vous les crie à haute voix,
En disant : Je n'en ay plus qu'un.

LA VIANDE DE CARÈME.

HARENG SORET.

Harang soret, harang de la nuit !
Je crie souvent parmi la ville,
La marchandise est utile,
Et si je n'en vendis d'enhui[3].

CRESSON.

Pour les gens dégoûte, non malades,
J'ai du bon cresson de calier[4] :
Pour un peu leur cœur scailler,
Il n'est rien meilleur que salades.

1. Sièges.
2. Plaisent, conviennent.
3. D'aujourd'hui.
4. Ce mot nous paraît corrompu ; peut-être faut-il lire : d'écha-
lier.

MENUISE [1].

Menuise, douce menuise!
N'en vendrai-je à personne?
Si elle est belle et bonne,
D'en vendre, que nul ne me nuise.

BALAINE [2].

Lard à poids, lard à poids, et balaine!
De crier je suis hors d'haleine,
C'est viande de caresme :
Elle est bonne à gens qui l'aime.

SAULCE VERTE [3].

Vous faut-il point de saulce verte?
C'est pour manger carpe et limande,
Ça, qui en veut en demande,
Tandis que mon pot est ouvert.

CHERVIS.

Carottes, chervis et panets!
C'est viande à gens de bien :
Achetez, regardez-les bien,
Je vous les pluvis beaux et nets.

OIGNONS.

Je vends oignons et eschalottes;
Que l'on crie bons apetits :

1. Friture de menus poissons.
2. On débitait, dans les marchés de Paris, une énorme quantité de graisse et de lard de baleine.
3. On faisait encore un grand usage de cette sauce, qui avait une si grande vogue dans la cuisine du moyen âge. Elle se fabriquait avec du pain blanc bouilli dans du vinaigre, avec épices.

Mes acquets y sont petits,
Et si je fais petites bottes.

VERJUS.

Verjus, verd verjus !
Et caresme je crie :
Point n'y a de lie,
Je l'ai crié verjus.

PRUNEAUX.

Pruneaux de Tours, pruneaux !
Ça, qui en veut, qu'on se délivre ?
Je vends huit tournois la livre,
Aussi bon marché que dans Tours.

GRUASLE[1].

J'ai bonne gruausée
Pour potage et poisson :
Plus n'y a qu'une saison ;
En caresme, bien le sçay.

RAISINS.

Raisins à la livre !
J'en ferai bon marché :
Qui veut m'approcher ?
Quelles mollevres[2] !

MERLU[3].

Merlu, merlu, merlu !
En caresme bonne viande,

1. Gruau.
2. Inintelligible, sans doute par altération du texte.
3. Merluche, morue sèche.

Car qui en veut en demande;
Que quelqu'un me porte bonheur !

POUR L'ESTÉ ET MAUVAIS TEMPS.

Mes beaux carnaux[1] !
Tout ceci pour deux tournois ;
Je crie à si haute voix,
Que j'en suis quasi toute en eaux.

CERISE.

Cerises douces, prunes de Damas !
Guignes douces en la saison[2] :
On n'en peut faire garnison,
Parquoy je n'en fais point d'amas.

SALLADES.

A ma belle salade d'Esté !
Je ne la vends qu'après dîner,
Pour quelqu'un qui veut récigner[3].
Cela la fait mettre en gayeté.

FAVES.

Raves douces, raves, raves !
Je les prends dedans la neuve [4],
Je les baille à l'espreuve.
Regardez-les : qu'elles sont braves !

1. Pour : *cerneaux*.
2. Provision.
3. Pour : *reciner*, souper.
4. Peut-être : dans la nouveauté.

POIDS OU FÈVES.

Les poids verds, fèves de marais!
Ils se vendent bien au Lendit [1] :
D'y vendre j'ay bon crédit ;
Aller m'y fait, sans plus tarder.

ARTICHAUX.

Artichaux, artichaux !
C'est pour monsieur et madame,
Pour réchauffer le corps et l'âme,
Et pour avoir le cul chaud.

GRENOUILLE.

Grenouilles, grenouilles, grenouilles !
A d'autres qui ont la foire
Elles sont bonnes voire, voire,
Quelque chose qu'on barbouille.

FROMAGE DE BRIE.

Fromage à la livre,
Fromage de Brie!
Tant plus haut je crie,
Et moins j'en délivre.

DES HERBES.

A ma belle poirée, à mes beaux épinards,
A mes belles laictues, mon oseille,
Du persil, cerfeuille à merveille!
De ce que j'ai n'épargnez pas.

1. La foire du Landit s'ouvrait à Saint-Denis, au mois de juin, le lundi d'après la Saint-Barnabé, et durait huit jours.

PETITS AULX.

Pigeons de marais
Donnent appétits,
A grands et petits,
Avec beurre frais.

ANGELOTS [1].

Angelots de Brie,
Des grands et petits!
D'acheter vous prie :
Ils sont d'appetits.

VINAIGRE.

Vinaigre, vinas, cendres gravelées,
Moutarde la lie!
Que chacun de vous s'alie,
Pour aller boire à la gallée [2].

CHASTAIGNE.

Châtaignes à rôtir, châtaignes!
Elle sont bonnes en pastez aussi,
Et pour les personnes engraisser,
Croissant aux bois et aux montaignes.

POMMES.

Pommes de Carpendu, Carpendu [3]!
C'est la pomme plus royale.

1. Petits fromages.
2. Expression proverbiale, signifiant : aller boire par troupe,
par chiourme. Il y a galilée dans les éditions de Troyes.
3. On connaît encore une pomme de ce nom en Normandie.
On la nomme aussi *court-pendu,* à courte queue. C'est La Quin-

Je vous la vends bonne et loyale :
A qui vendrai-je le résidu ?

DES ŒUFS.

J'ai des œufs frais, des œufs frais !
La marchandise toujours duit ;
Ils ne sont chers pour le jourd'hui,
C'est marchandise de gros frais.

MEURE.

Meure, douce meure !
Ça, qui en veut, qui en veut taster ?
Qui voudra taster, se faut haster !
Je ne veux point que l'on m'amuse.

POIRES.

Poires de Dagobert !
Or ça, qui demande !
Haster me faut de vendre :
Je suis mesme de haubert[1].

AMANDES.

Assez mal vit, qui n'amande.
Bonnes femmes où estes-vous ?
Amandez-vous, amandez-vous,
Amandes douces !

tinie qui les nomme ainsi. Capendu est encore le nom d'un chef-
lieu de canton de l'Aude, arrondissement de Carcassonne. (V. D.)
  1.—C'est-à-dire : j'appartiens à un seigneur de fief, à une terre
féodale.

GRÈS A ESCURER.

Qui en veut de bon grès, du bon grès?
En voici du bon et délié ;
Porter le faut aux chandeliers ;
Ce sont eux qui vendent le grès.

LE CHANDELIER.

Du chandelier la guise[1] est telle ;
Il va marchand, sans dire mot.
Mais la balance, quand on l'oit,
Tout présentement on l'appelle.

CRÊME.

Je crie : *Fromage de crêmes !*
Pour manger avec fraisette,
Et d'autres fromages en crème,
Qui se fait chardunette[2].

POIREAUX.

A mes beaux poireaux
Qui cuisent en eaux !
C'est du potage !
Avec du laitage.

CHOUX

A mes beaux choux blancs !
Bons sont en vendange ;

___

1. Façon, manière.

2. Ce vers, qui n'a pas de sens, est évidemment corrompu. Il faut lire sans doute : *Pour faire la chardonnette,* cardons qui se mangeaient assaisonnés à la crème.

Que chacun en mange,
En beuvant du vin blanc !

POIRES.

Des amas jeunes poires à deux testes,
Avec des poires de certeau [1] !
Le fruit est assez bon et beau,
Prenez-en tous en requeste?

SCELLES A CUVIER.

Soit pour dames ou pour ancelles [2],
Depuis le mois de janvier,
Je vous fais de bonnes scelles,
Pour mettre dessus le cuvier.

LARDOIRS ET FAUCETS.

Par les faux d'autrui je me aide,
Mais qui me picque je le larde ;
J'ai des lardoirs et faucets ;
Achetez : regardez ce que c'est?

DU PAIN.

Demi-douzaine de pain chalant !
D'un mois n'en eustes, de l'an,
Aussi bon et belle sorte :
Regardez? A vous m'en rapporte.

FUSEAUX.

Fuseaux de houx, fuseaux de houx !
Où estes-vous, dames, pour filer?

1. Espèce de poires peu estimées.
2. Servantes.

J'en ai vendu, depuis le mois d'août,
Plus de cent dedans cette ville.

ESTUVES.

C'est à l'image saint James,
Où vont ces femmes se baigner.
Baigneux, aux estuves allez !
Vous y serez bien servis
De valets et de chambrières ;
De la dame, bonne chère :
Allez tous ! Les bains sont prêts [1] !

IMAGES.

Avec belles images, images,
Images pour du pain !
Achetez-les aujourd'hui,
Car je m'en vais demain.

PAIN D'ESPICES.

Pains d'espices pour le cœur !
Dans Senlis je vais le quérir.

---

1. Les étuvistes, comme au moyen âge, annonçaient, matin et soir, que les bains étaient chauds ; c'étaient encore des bains de vapeur, que le peuple avait l'habitude de prendre et dont il se trouvait très bien, à cette époque où la ville était toujours infectée de mauvaises odeurs. Nous croyons que l'usage de ces bains cessa vers la fin du xviie siècle, quand les médecins prétendirent qu'ils favorisaient la propagation contagieuse des maladies de peau et des maladies vénériennes. (P. L.) — Bien avant cette époque, les guerres civiles du xvie siècle et le siège de Paris avaient ruiné l'industrie des étuvistes et fait perdre au peuple ses habitudes de propreté ; au xviie siècle, les bains étaient peu en honneur, même dans les hautes classes de la société. (V. D.)

Qui d'avoir en aura désir,
Je lui en donnerai de bon cœur.

VERRES CASSEZ.

Chambrières, regardez-y?
Verres cassez, verres cassez!
Si en trouvez beaucoup d'amassez,
Vous me ferez un grand plaisir.

BEURRE FRAIS.

Beurre frais, beurre frais!
Il est bon pour la mollue [1].
Pour afin de sauver mes frais,
Je vendis hier en cette rue.

POURPIER.

A mon beau pourpier!
Ne trouverai-je pas quelque sire,
Pour acheter pour confire?
Tout est beau jusqu'au pied.

CONCOMBRE.

Aller me faut sous Petit-Pont [2],
En allant crier des concombres,
Pour vendre ceci et des pommes :
Quelqu'un me porte bonne rencontre !

1. Pour : *morue.*
2. Le Petit-Pont était, en quelque sorte, un marché permanent,
avant la création du Marché-Neuf qui en dépendait. Bonaventure
Des Périers, dans une de ses *Nouvelles* (LXIII), met en scène une
harengère du Petit-Pont. Voy. notre édition, p. 253.

LES BABIOLES.

Livres nouveaux [1],
Chansons, ballades et rondeaux !
Le *Pa se temps* de Michaud,
La *Farce de Maumarié*,
La *Pénitence des femmes*
Obstinées contre leurs maris.

LES MUNIERS.

Entre nous, mûniers, nous sommes faschez,
Qu'on crie après nous, qu'avons trop dansé ;
Par conclusion,
C'est bien la raison.

BRIDES.

Des brides à veaux,
Pour friants museaux !
Ça qui en demande !
Il faut que je vende.

1. Quoique nous n'ayons pas reconnu positivement les livres
que le marchand annonce ici par leurs titres, nous sommes certains qu'ils ont existé et qu'ils se vendaient de la sorte au milieu
du xvie siècle ; ainsi, le *Passe temps* doit être un opuscule en vers
de Pierre Michault, auteur du *Doctrinal du temps* et de la *Dance
aux aveugles* ; la *Farce du maumarié* désigne peut-être la *Com-
plainte du trop tard marié*, ou la *Consolation des mal mariez*,
pièces en vers du xvie siècle ; la *Pénitence des femmes* n'est autre
que le *Discours joyeux de la patience des femmes obstinées contre
leurs maris*, réimprimé dans la collection des *Joyeusetez*, de Te-
chener.

LES CRIS QUI ONT ÉTÉ AJOUTÉS
DE NOUVEAU.

LES VALETS DE GENTILLY.

A Gentilly, Saint-Saturnin,
Il sera mercredi la feste ;
Venez, il y a du bon vin,
Pour mettre cornes en la teste [1].

LA BRIOCHE.

A ma brioche, chalant,
Quatre pains pour un tournois !
Je gagne peu de monnoye,
Et si vais toujours parlant.

BEURRE DE VANVRE.

Beurre de Vanvre ! c'est du meilleur,
Quiconque entre dans Paris :
Achetez-le, dames d'honneur,
Et ne laissez pour vos mets.

GROSEILLES.

A mes belles groseilles !
Ça, tost, mes demoiselles,

---

1. Gentilly, de même que la plupart des localités voisines de
Paris, avait une fête célèbre qui y attirait beaucoup de buveurs et
d'amoureux. Cette fête de saint Saturnin, patron des fous, n'était
pas déchue de ses vieux privilèges, comme on le voit dans le *Ballet
de la débauche des garçons de Chevilli et des filles de Montrouge,*
dansé à la Cour le 9 février 1627.

MARANA.

Achetez ! Que je vende !
C'est pour femmes friandes.

CHOUX GELEZ.

Choux gelez, choux gelez !
Ils sont plus tendres que rosée,
Ils sont crus parmi la poirée,
Et n'ont esté jamais greffez.

PESCHES.

Pesches de Corbeil, à la pesche !
Qu'en prend une, l'on pesche ;
Encore pesche-t-il mieux,
Celui qui en pesche deux.

PRUNES DE DAMAS.

Prunes, prunes de Damas !
On en fait de bons pruneaux,
Mais quand reviendront les nouveaux,
J'en feray plus grand amas.

FRAISE.

Fraise, fraise, douce fraise !
Approchez-vous, petites bouches :
Gardez-bien qu'on ne les froisse,
Et gardez-bien qu'on ne vous touche.

CIDRE.

Du doux, du doux, pour les filles !
Pour les faire pisser roide :
Il guérit les hémoroïdes,
Quand on boit plus qu'on ne file.

RAISINS.

Raisins, raisins doux :
On les mange avec du pain.
Je mourrais plutost de faim,
Que j'y sçusse prendre goust.

ESCARGOTS.

Escargots, des escargots !
C'est une viande au beurre,
Avec un peu de fagots ;
C'est pour gens qui font le beurre.

COUTEAUX ET CIZEAUX.

Les couteaux de Flandre,
Cizeaux de Moulins !
Voilà des nouveaux,
Si en voulez prendre.

HARANG BLANC.

Harang blanc, harang blanc !
Il n'est pas pourri dedans,
Il n'est pas trop dessallé,
Mais il est un peu haslé.

CAMOMILLE.

Camomille est fort honneste,
A mettre au bain des pucelles,
Pour leur laver le cul et la teste ;
C'est une herbe la non pareille.

CHANDELIERS ET MARTINET.

Les chandeliers et martinets!
Ils servent bien pour la boutique,
A ceux qui ont de la pratique :
Il les faut toujours tenir nets.

FROMAGE D'AUVERGNE.

Fromage d'Auvergne!
Griffons[1] de montagnes
Sont ceux qui les font,
Et qui l'argent ont.

SACS DE TOILLE.

Ce sont sacs de plaideurs,
Pour demandeurs et deffendeurs;
Tenez, pour mettre vos procès,
Il faut deux sacs, sans point d'excès.

LE PALAIS.

« Qui aura trouvé un sac,
Depuis vendredi en deça,
Le raporte au Chastelet,
Aura le vin du valet[2]. »

ŒILLETS.

A mon pot d'œillets!
Il est plantureux

1. Pâtres à demi sauvages qui séjournent dans le haut des montagnes comme les oiseaux de proie.
2. C'est-à-dire : un pourboire, une récompense.

Pour faire bouquets
Pour les amoureux.

COULEURÉE[1].

« A ma belle couleurée tant belle !
Pour faire un jardinet,
Pour mettre le cabinet
A la jeune Damoiselle ! »

PEIGNES.

Peignes de bouis, la mort aux poux !
C'est la santé de la teste,
Et aux enfants faire feste ;
Et guérit les chats de la toux.

V.

CHANSON NOUVELLE DE TOUS LES CRIS DE PARIS, ET SE CHANTE COMME LA VOLTE DE PROVENCE[2].

Voulez ouïr chansonnette
De tous les cris de Paris :
L'un crie : des allumettes !
L'autre : fusils, bons fusils !

1. Sorte de vigne vierge et de serpentaire qu'on faisait grimper autour des tonnelles et des cabinets de verdure.

2. Cette chanson reproduit en abrégé la plupart des Cris qui sont paraphrasés en rimes ou en assonances dans le petit poème que nous avons réimprimé plus haut.

Costrets ! A la masse tâche !
Verre joly !
Qui a des vieux souliers
A vendre en bloc et en tâche !
Beaux œufs frais !
Orange, citons, grenades !
Fromages fors de Milan !
Sallades, belles sallades !
Faut-il point du bon pain, chalans ?
A ramoner la cheminée haut et bas !
Vieux fers, vieux chapeaux !
Beaux choux blancs !
Ma belle poirée !
Moutarde ! Almanachs nouveaux !
Vinaigre, au bon vinaigre !
Sablon à couvrir les vins !
Charbon de rabais en grève !
Le minot à neuf douzaine !
Du grès, du grès !
A fine éguille !
J'ay la mort aux rats et aux souris !
Entonnoirs, bons forets et outils !
Ça, chalans, curez les puits !
Argent cassé, vieille monnoye !
L'esmouleur, gagne petit !
Croye de Champagne, croye !
Oublie, oublie, où est-il ?
A deux liards la chanson tant belle !
Douce meure, gentil fruit nouveau !
A mes beaux cerneaux !
Noix nouvelles !
Carpendus, poires de certeaux !
Gros fagots, seiches bourées !
A mes beaux navets !
Chicorée, chicorée !

Argent de mes gros balets !
Noir à noircir
Couvercle à la lessive !
Peigne de buys !
Gravelée !
J'ay du bon laict !
A l'escaille vive !
Chaudronier, ça !
Qu'est-ce qui veut de l'eau ?
Gentil vin blanc et clairet !
Esguillettes de feu teintes !
Argent de fin trébuchet !
Ver, verjus ! Oignons à la botte !
Harang soret ! Panais, beaux panais !
Beau cresson, carottes, carottes !
Pois verts, pois ! fèves de marais !
Prunes de Damas ! cerises !
Concombre ! beaux arbrisseaux !
De bonne encre pour escrire !
Beaux melons ! beaux artichauts !
Harangs, maquereaux de chasse !
A refaire les soufflets et les seaux !
Citrouille, filasse, filasse !
Qui a des vieux chapeaux ?
Vieux bonnets !
Fromages de crême !
Aux racines de persil !
Raves douces, belles asperges !
Beau houblon ! Peau de lapin !
Gerbe de froment !
Fouarre nouveau, fouarre !
Pons, ratelets, chambrière de bois !
Beau may de houx !
A la pierre noire !
Rubans blancs, beaux lacets !

A trente escus l'émeraude
Et l'anneau de grande valeur !
Fèves cuites toutes chaudes !
Pain d'épices pour le cœur !
Beaux chapelets, couronne royalle !
Mes beaux coings ! pesche de Corbeille !
Beaux poireaux ! gros navets de balle !
Beaux bouquets ! qui veut du laict ?
Figues de Marseille !
Beaux metis ! carpes vives !
Beaux espinards ! lard à pois !
Escargots ! tripes de morue !
Beaux raisins ! beaux pruneaux de Tours !
Ainsi vont criant par les rues
Les Estats, chascun tous les jours.

VI.

LES CRYS D'AUCUNES MARCHANDISES
QUE L'ON CRYE DEDANS PARIS.

A Paris tout au plus matin
L'on crie du lait pour les nourrisses
Subuenir sans quelque avertin[1].
Et enfant nourrir sans obices.
Après ung tas de chacieux
S'en vont cryant parmy Paris
Les viels souliers, tournant les yeulx
Dont souuent se font plusieurs ris.

1. Vertige.

Soit en destour ou en embuche
On va cryant semblablement.
A ieun ou yure, huche, buche,
Pour se chauffer certainement.

Puis vous orrez a haulte voix
Par ces rues matin et soir
Charbon, charbon de ieune bois
Très fort crier pour dire voir.

Après orrez sans nulz arrestz
Parmy Paris plusieurs gens
Portans et cryant les costretz
Où ils gagnent de l'argent.

Puis vous orrez sans demourée
Parmy Paris à l'estourdy
Fort crier bourrée, bourrée,
Pour vérité celà vous dy.

Puis ung tas de frians museaulx
Parmy Paris cryer orrez
Le iour pastés chaulx, pastés chaulx
Dont bien souuent n'en mengerez.

Puis après sans villennie
Parmy Paris cryer ou oit
Pour bon fromage Brye, Brye,
Tout un chacun cela congnoist.

Puis courroucé ou tout allègre
Parmy Paris on va cryant
Tant comme on peult, bon vin aigre,
Dont qui en veult si vient auant.

Après par sens ou follye
A Paris l'on crye très hault
Jeunes ou vieulx, Lye, Lye,
Ausquelz elle proffite et vault.

Sans vous musser ne cacher
Cryer orrez sans nul faintise
A Paris vieulx fer et acier

Ce qu'on ne fait pas à Venise.
　　Cryer orrez tout à deux saulx
Parmy Paris et de plain vol
Le vieil fer et les vieulx drappeaulx.
A quelqun le bissac au col.
　　Puis orrez cryer sans qu'il tarde
Parmy Paris en plusieurs lieux
Pour chose certaine, moustarde,
Qui a maint fait pleurer les yeulx.
　　Conséquemment par entrefaictes
A gens de diverses manières
Orrez cryer les alumettes
Auquel mestier ne gangnent gueres.
　　Après orrez un Loricart
Qui est plus orgueilleux qu'un pet
Cryant deux manequins pour ung liart,
Qui ne valent pas ung nicquet [1].
　　Puis se vous auez appetit
Dentendre cryer ung chacun
Tantost orrez gangne petit
Dont suis suppost sans nul desrun [2],
　　Après orrez sans long espace
De ce fault que murmurion
Espingles cryer sans fallace
A ung tournois le carteron.
　　Et se cryer vous entendez
Parmy Paris trestons les cris
Cryer orrez les eschauldez
Qui sont au beurre et œufs pétris.
　　Aussi ou crye les tartellettes
A Paris pour enfant gastez
Lesquelz sen vont en ces [illegible]

1. Double tournois.
2. Désordre.

Pour les manger ia n'en doubter.
    On crye sans quelques obices
De celà ne fault point doubter
Le pain qui est pétri d'espices,
Qui fleumes[1] fait dehors bouter.
    A Paris on cry mainteffois
Voire de gens de plat pays
Houssouers emmenchez de bois,
Lesquelz ne sont pas de grand pris.
    Puis vous verrez ung bon hommeau
Qui fait merueilles d'entreprendre
Qui va iusques à S. Marceau
Tousiours cryant casses[2] à vendre.
    Après toutes les matinées
Vous orrez ces villageois
Qui vont pour courrir les buées,
Criant : Couuertois, couuertois.
    Puis verrez parmy les rues
Sur cheuaulx à longues oreilles
Paniers plains d'herbes et de laictues
Et filles criant la belle ozeille.
    Puis verrez les Pigmontois
A peine saillis de l'escaille
Criant ramonnad hault et bas,
Vos cheminées, sans escalle.
    D'autres cris on fait plusieurs
Qui longs seroient à réciter.
L'on crye vin nouveau et vieulx
Duquel l'on donne à taster.

Explicit.

1. Humeurs.
2. Noix ou poëlons.

VII.

TABLEAU DE PARIS A CINQ HEURES
DU MATIN.

L'ombre s'évapore,
Et déjà l'aurore
De ses rayons dore
Les toits d'alentour :
Les lampes pâlissent,
Les maisons blanchissent,
Les marchés s'emplissent :
On a vu le jour.

De la Villette,
Dans sa charrette,
Suzon brouette
Ses fleurs sur le quai,
Et de Vincenne
Gros-Pierre amène
Ses fruits que traîne
Un âne efflanqué.

Déjà l'épicière,
Déjà la fruitière,
Déjà l'écaillère
Saute à bas du lit.
L'ouvrier travaille,
L'écrivain rimaille,
Le fainéant bâille,
Et le savant lit.

J'entends Javotte,
Portant sa hotte
Crier : Carotte,
Panais et chou-fleur !
Perçant et grêle,
Son cri se mêle
A la voix frêle
Du noir ramoneur.

L'huissier carillonne,
Attend, jure, sonne,
Ressonne, et la bonne,
Qui l'entend trop bien,
Maudissant le traître,
Du lit de son maître,
Prompte à disparaître,
Regagne le sien.

Gentille, accorte,
Devant ma porte
Perrette apporte
Son lait encore chaud ;
Et la portière,
Sous la gouttière,
Prend la volière
De dame Margot.

Le joueur avide,
La mine livide
Et la bourse vide,
Rentre en fulminant,
Et sur son passage,
L'ivrogne, plus sage,
Rêvant son breuvage,
Ronfle en fredonnant.

Tout, chez Hortense,
Est en cadence,
On chante, danse,
Joue, *et cætera...*
Et sur la pierre
Un pauvre hère
La nuit entière
Souffrit et pleura.

Le malade sonne,
Afin qu'on lui donne
La drogue qu'ordonne
Son vieux médecin.
Tandis que sa belle,
Que l'amour appelle,
Au plaisir fidèle,
Feint d'aller au bain.

Quand vers Cythère
La solitaire,
Avec mystère,
Dirige ses pas,
La diligence
Part pour Mayence,
Bordeaux, Florence,
Ou les Pays-Bas.

« Adieu donc, mon père ;
Adieu donc, mon frère ;
Adieu donc, ma mère.
— Adieu, mes petits. »
Les chevaux hennissent,
Les fouets retentissent,
Les vitres frémissent :
Les voilà partis !

Dans chaque rue
Plus parcourue,
La foule accrue
Grossit tout d'un coup :
Grands, valetaille,
Vieillards, marmaille,
Bourgeois, canaille,
Abondent partout.

Ah ! quelle cohue !
Ma tête est perdue,
Moulue et fendue :
Où donc me cacher ?
Jamais mon oreille
N'eut frayeur pareille....
Tout Paris s'éveille....
Allons nous coucher.

Désaugiers.

TABLEAU DE PARIS A CINQ HEURES
DU SOIR.

En tous lieux la foule ;
Par torrents s'écoule :
L'un court, l'autre roule ;
Le jour baisse et fuit.
Les affaires cessent ;
Les dîners se pressent ;
Les tables se dressent ;
Il est bientôt nuit.

Là, je devine
Poularde fine,
Et bécassine,
Et dindon truffé ;
Plus loin, je hume
Salé, légume,
Cuit dans l'écume
D'un bœuf réchauffé.

Le sec parasite
Flaire.... et trotte vite
Partout où l'invite
L'odeur d'un repas ;
Le surnuméraire
Pour vingt sous va faire
Une maigre chère
Qu'il ne paîra pas.

Plus loin qu'entends-je ?
Quel bruit étrange ?
Et quel mélange
De tons et de voix ?
Chants de tendresse,
Cris d'allégresse,
Chorus d'ivresse
Partent à la fois.

Les repas finissent,
Les teints refleurissent ;
Les cafés s'emplissent ;
Et trop aviné,
Un lourd gastronome
De sa chute assomme
Le corps d'un pauvre homme
Qui n'a pas dîné.

Le moka fume,
Le punch s'allume,
L'air se parfume;
Et de crier tous :
« Garçon, ma glace!
— Ma demi-tasse!....
— Monsieur de grâce,
Paris, après vous. »

Les journaux se lisent;
Les liqueurs s'épuisent;
Les jeux s'organisent;
Et l'habitué,
Le nez sur sa canne,
Approuve ou chicane,
Défend ou condamne
Chaque coup joué.

La tragédie,
La comédie,
La parodie,
Les escamoteurs;
Tout, jusqu'au drame
Et mélodrame,
Attend, réclame
L'or des amateurs.

Les quinquets fourmillent;
Les lustres scintillent;
Les magasins brillent;
Et, l'air agaçant,
La jeune marchande
Provoque, affriande,
Et de l'œil commande
L'emplette aux passants

Des gens sans nombre
D'un lieu plus sombre
Vont chercher l'ombre
Chère à leurs desseins.
L'époux convole,
Le fripon vole,
Et l'amant vole
A d'autres larcins.

Jeannot, Claude, Blaise,
Nicolas, Nicaise,
Tous cinq de Falaise
Récemment sortis,
Élevant la face,
Et cloués sur place,
Devant un Paillasse
S'amusent gratis.

La jeune fille,
Quittant l'aiguille,
Rejoint son drille
Au bal *de Lucquet* ;
Et sa grand'mère
Chez la commère,
Va coudre et faire
Son cent de piquet.

Dix heures sonnées,
Des pièces données
Trois sont condamnées
Et se laissent choir.
Les spectateurs sortent,
Se poussent, se portent....
Heureux s'ils rapportent
Et montre et mouchoir !

« Saint Jean, la Flèche,
Qu'on se dépêche....
Notre calèche!
— Mon cabriolet!.... »
Et la livrée,
Quoique enivrée,
Plus altérée
Sort du cabaret.

Les carrosses viennent,
S'ouvrent et reprennent
Leurs maîtres qu'ils menent
En se succédant;
Et d'une voix âcre,
Le cocher de fiacre
Peste, jure et sacre
En rétrogradant.

Quel tintamarre!
Quelle bagarre!
Aux cris de *gare*
Cent fois répétés,
Vite on traverse,
On se renverse,
On se disperse,
De tous les côtés.

La sœur perd son frère,
La fille son père,
Le garçon sa mère,
Qui perd son mari;
Mais un galant passe,
S'avance avec grâce,

Et s'offre à la place
De l'époux chéri.

Plus loin, des belles
Fort peu rebelles,
Par ribambelles
Errant à l'écart,
Ont doux visage,
Gentil corsage....
Mais je suis sage....
D'ailleurs il est tard.

Faute de pratique,
On ferme boutique.
Quel contraste unique
Bientôt m'est offert!
Ces places courues,
Ces bruyantes rues,
Muettes et nues,
Sont un noir désert.

Une figure,
De triste augure
M'approche et jure
En me regardant....
Un long *qui vive?*
De loin m'arrive,
Et je m'esquive
De peur d'accident.

Par longs intervalles,
Quelques lampes pâles,
Faibles, inégales,
M'éclairent encor....

Leur feu m'abandonne,
L'ombre m'environne;
Le vent seul résonne :
Silence ! tout dort.

DÉSAUGIERS[1].

1. Le même auteur a composé : *Paris en miniature* et *Paris,
ou le Paradis de la France*, bien inférieures aux deux précédentes pièces, sauf la première strophe.

FIN DE LA TABLE ALPHABÉTIQUE.

Paris. — Imp. A. Quantin, 7, rue Saint-Benoît.

COLLECTION

DES

ANCIENNES DESCRIPTIONS DE PARIS